成都·成华历史人文丛书　街道卷

舒欣　著

四川文艺出版社

图书在版编目（CIP）数据

双桥子 / 舒欣著. -- 成都：四川文艺出版社, 2020.5
（2022.1重印）
（成都·成华历史人文丛书）
ISBN 978-7-5411-4999-3

Ⅰ.①双… Ⅱ.①舒… Ⅲ.①城市道路—成都—通俗读物 Ⅳ.①K927.11-49

中国版本图书馆CIP数据核字(2020)第041328号

SHUANGQIAOZI
双桥子
舒 欣 著

出品人 张庆宁
责任编辑 陈雪媛
封面设计 叶 茂
内文设计 叶 茂
责任校对 段 敏

出版发行 四川文艺出版社（成都市槐树街 2 号）
网 址 www.scwys.com
电 话 028-86259287（发行部） 028-86259303（编辑部）
传 真 028-86259306

邮购地址 成都市槐树街 2 号四川文艺出版社邮购部 610031
排 版 四川胜翔数码印务设计有限公司
印 刷 永清县晔盛亚胶印有限公司
成品尺寸 157mm×235mm 开 本 16 开
印 张 13.75 字 数 220 千
版 次 2020 年 5 月第一版 印 次 2022 年 1 月第二次印刷
书 号 ISBN 978-7-5411-4999-3
定 价 42.00 元

《成都·成华历史人文丛书》
编写机构人员名单

专家和顾问委员会

（按姓氏拼音为序）

专　　家： 陈世松　傅　恒　林文询　谭继和　肖　平

顾　　问： 阿　来　艾　莲　陈廷湘　冯　婵　梁　平　袁庭栋

总编辑部

主　　编： 张义奇

执行主编： 蒋松谷

副 主 编： 刘小葵

美术指导： 陈　荣

《成都·成华历史人文丛书》编写机构人员名单

指导委员会

总 策 划： 刘光强　蒲发友

主　　任： 蔡达林　周海燕

副 主 任： 郭仕文　杨　楠　周孝明　万　东　张庆宁

委　　员： 刘　曦　黄　海　刘杰伟

《双桥子》卷编委会

主　　任： 袁万银　屈　何

副 主 任： 姜　军

委　　员： 王　辉（女）　戢黄勇　蔡　丽　陈　敏　廖筱辉　江　明　李秀玲　王　辉（男）　黄　鹰　陈华玉　袁正东　高培蓉　杨声翠

总序

成华区作为成都历史上独立的行政区划，是从1990年开始的，它是一个非常年轻的区。但是成华这块土地，作为古老成都的一个重要组成区域，则有着悠远的历史与深厚的文化根基。

“成华”区名，是成都县与华阳县两个历史地理概念的合称，而成都与华阳很早就出现在古代典籍中。《山海经·大荒北经》中曾有“大荒之中，有山名曰成都载天”的记载，有学者据此认为，成都可能是远古时候的一个国名，或者是古族名。华阳之名也一样历史悠久，《尚书·禹贡》云：“华阳黑水惟梁州。”梁州是上古的九州之一，包括今天川渝及陕滇黔的个别地方，华阳即华山之阳，是指华山以南地方。东晋常璩所撰写的西南地方历史著作《华阳国志》便以地名为书名。唐代开始，地处“华山之阳”的成都平原上便有了华阳县，也从此形成了成都市区二县共拥一城的格局。唐人李吉甫在地理名著《元和郡县图志》一书中，对成都与华阳做了更进一步的记载：“成都县，本南夷蜀侯之所理也，秦惠王遣张仪、司马错定蜀，因筑城而郡县之。”“华阳县，本汉广都县地，贞观十七年分蜀县置。乾元元年改为华阳县，华阳本蜀国之号，因以为名。”由此可见，成都与华阳历史之悠久，仅从行政区域角度看，成都从最初置县至今已有两千三百多年，而华阳置县从唐乾元元年（758）至今也有一千二百多年了。

不仅成华之名源远流长，具有丰富的人文内涵，成华这片土地更是积淀着厚重的历史与文化。可以说成华既是一部沉甸甸的史书，也是一首动人心魄的长诗。这里有纵贯全境且流淌着历史血液与透露着浓烈人文气息的沙河，有一万年前古人类使用过的石器，有堆积数千年文明的羊子山，有初建成都城挖土形成的北池，有浸透了汉赋韵律的驷马桥，有塞北雄浑的穹顶式和陵，有闻名宇内的川西第一禅林，有道家留下的浪漫神话传说，有移民创造的客家文化，还有难忘的当代工业文明记忆，还有世界的宠儿大熊猫……

成华有叙述不尽的历史故事。

成华有百看不厌的人文风景。

成华的历史是悠久的巴蜀历史的一部分；成华土地上生长的文明是灿烂的巴蜀文明的重要组成部分。

为了把这耀眼的历史文化集中而清晰地展现给人们，同时也为后世保留一笔珍贵的精神财富，中共成华区委和成华区人民政府立足全区资源禀赋和现实基础，将组织编写并出版“成都·成华历史人文丛书”纳入“文化品牌塑造”工程的重要内容之一。由成华区委宣传部、成华区文联、成华区文旅体局、成华区地志办等单位牵头策划，并组织一批学者、作家共同完成这套丛书，包括综合卷与街道卷两大部分，共计二十册。其中综合卷六册，街道卷十四册。综合卷从宏观的视野述说沙河的过往，清理历史的遗迹，讲述客家的故事，描写熊猫的经历，抒写诗文的成华，回眸东郊工业文明的辉煌成就。街道卷则更多从细微处入手，集中挖掘与整理蕴藏在社区、在民间的历史文化片断。

历史潮流滚滚前行。成华作为日益国际化的成都主城区之一，随着城市化进程的深入推进，对生活在成华本土的“原住民”和外来“移民”，更加渴望了解脚下这片土地，构建了积极的文化归宿。此次大规模地全面梳理、挖掘本土历史，并以人文地理散文的形式出版，在成华建区史上尚属首次。这既顺应了群众呼声、历史潮流，又充分展现了成华人的文化自觉和文化自信。

“成都·成华历史人文丛书”是成华人对成华悠久历史、深厚文化的一次深邃的打量，更是成华人献给自身脚下这片土地的一份深情与厚爱！

书籍记录岁月，照亮历史，传播文化。书籍是人类精神文明的载体，中华数千年的历史文化传承，书籍功莫大焉。如今，中国人民正在追求民族复兴的伟大梦想，通过书籍去回顾历史、展望未来，乃是实现这一复兴之梦的重要路径。

身在“华阳国”中的成华人，也有自己的梦。传承悠久的巴蜀文明，弘扬优秀的天府文化，正是我们的圆梦方式之一。

这便是出版“成都·成华历史人文丛书”的宗旨和意义之所在。

张义奇　蒋松谷

序

双桥子的大街小巷，从早到晚都充满了生机与活力，如同奏响一曲美妙的生命交响乐。清晨，背着书包的学生步伐匆匆，拉着小推车买菜的老人们相互聊着家长里短，街两旁的小摊冒着热气、飘出各式早餐的香味，新华公园里晨练的人络绎不绝，而双桥路上车来车往；等到了傍晚，下班后的人们脚步慢了下来，一边在街边顺手买点卤菜，一边和邻居嘘寒问暖，昏黄的灯光下总是氤氲着温暖的人间烟火气……面对如此生机盎然的双桥子街道，很难想象六十多年前的这里曾是农田与坟地交错，偏僻得人们晚上不愿出行。

街道，是一座城市的细胞，人们往往通过街道来认识一座城市，不同的街道展现着一座城市不同的风采与文化。街道上那些南来北往的人，那些一幢幢拔地而起的楼房，那些马路上的车水马龙，那些琳琅满目的商品，甚至路边的一棵棵绿树、阳台上绽放的鲜花，都无不体现着每个街道所独有的风貌、特色、人文与魅力，推动着我们的城市生生不息地向前发展。

双桥子街道，历经数次行政区划的调整，可谓见证了成都市城市现代化建设的进程。它最初是一片农田，原属金牛区保和公社万年大队第二生产队。1958 年，由于新都机械厂[①]的迁入，双桥子开始从农田向城

① 新都机械厂，即当时的大型军工企业420厂，今天的中航工业成都发动机（集团）有限公司。

市转变，成为以航空工业为主的东郊工业区。

1960 年上半年，双桥子为沙河人民公社的部分地区。

1961 年 1 月 21 日，东城区人委东人第 02 号文通知，经成都市人民委员会批准，建立东城区双桥子街道办事处，任命刘发明为办事处主任，当时街道办事处在新都机械厂宿舍区 45 幢办公。1964 年在 44 幢侧新建街道办事处用房，于次年 1 月正式迁入办公。①

1968 年，双桥子街道办事处同牛市口街道办事处联合组成胜利口街道革命委员会。

1970 年恢复行政规划，名为双桥子街道革命委员会。

1979 年恢复原名为双桥子街道办事处。

1991 年成都市区划调整，双桥子街道办事处划归成华区管理。②

2003 年 7 月，双林街道办事处并入双桥子街道办事处。

2015 年 3 月，新鸿路街道办事处并入双桥子街道办事处。

如今的双桥子街道地处成华区西南边，东以二环路东二段、三段东侧路沿石为界，与跳蹬河、万年场街道相接；西以一环路东二段、三段东侧路沿石为界，与猛追湾街道相接；南以蜀都大道水碾河路段北侧路沿石为界，与锦江区牛市口街道相接；北以建设南一路、南二路、南三路北侧路沿石为界，与建设路街道相接。辖区土地面积 3.17 平方公里，建成区面积 3.15 平方公里，辖新鸿、新华、莜香里、万晟、双林、双桥路北、

---

① 中共四川省成都市锦江区委组织部、中共四川省成都市锦江区委党史工委、四川省成都市锦江区档案局：《中国共产党四川省成都市东城区组织史资料 1949.12–1990.12》，四川人民出版社，1994年8月，第218页。

② 吴世先主编：《成都城区街名通览》，成都出版社，1992年9月，第543页。

双林中横路、水碾河路北八个社区及双桥子、三街坊、五冶三个社区筹委会。

“双桥子”这一地名的得来据说始于一百多年前。清咸丰元年(1851),这一区域还是一片农田,有两条相隔距离较近的水渠,一条灌溉万年场一带农田,一条灌溉牛市口一带农田,为了方便出行,当地农民用了两块长1.3米、宽0.6米的石板分别盖在两条水渠上面,形成小桥,故称为双桥子。后来,新都机械厂在此处修建招待所,桥虽然已经消失,但是人们已经习惯叫这里双桥子,1981年地名普查时,便将“双桥子”定为地片名。[①]

从20世纪50年代开始,成都东郊陆续建设了一百多家机械、电子、冶金、纺织等大中型企业,其中包括航空、航天等重点军工企业。十几万工人披荆斩棘,用他们的一腔热血和勤劳的双手唤醒了东郊这片荒芜之地,而双桥子也因此慢慢建起了楼房和店铺,农民收起锄头、穿上工装,上下班的工人们走出了一条“上班路”——双桥路。1992年,这里新建了雄伟壮观的双桥子立交桥,它是上、中、下三层蝶形全互通式立交桥,与成渝高速公路相连,是成都通往重庆的主要通道,是成都市的东大门。

从“双桥”到“三桥”的转变,其实是双桥子从传统封闭的农业社会走向现代开放的工业社会、信息社会,人们的生产方式、生活方式和价值观念等都发生了巨大的变革。而今天的双桥子更是在扎实党建引领、夯实基层基础之上,一手抓产业升级,加快经济增长,一手抓社会治理,促进民生保障。双桥子再次焕发出新的活力,延续客家人数百年前开垦荒地时的脚踏实地的精神,继承东郊工人数十年敢闯敢拼的气魄,为人们架起了一座又一座通往幸福家园的“双桥”。

① 吴世先主编:《成都城区街名通览》,成都出版社,1992年9月,第548页。

成都市成华区双桥子街道示意图

建设路街道办事处

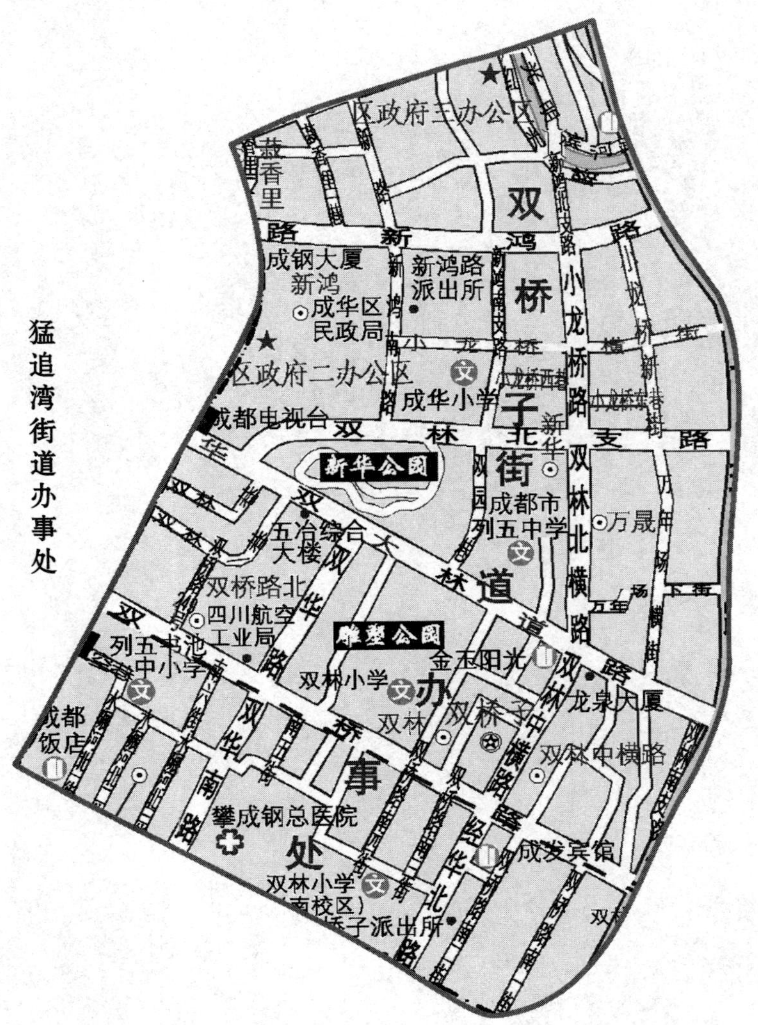

跳蹬河街道办事处

万年场街道办事处

目录

川西坝子的诗意栖居

竹林深处有人家 / 003

寻常百姓的田园生活 / 012

中国五冶：走在城市建设的前线

从东北到西南，磨砺中前行 / 023

唤醒沉睡的土地 / 028

创新融入血脉，争锋新时代 / 033

东郊工业润万物

双桥子迎来东郊之春 / 045

厂区就是全世界 / 051

无法遗忘的青春芳华 / 060

百年列五，立德树人

十七个银圆办学堂 / 069

自强不息，其命维新 / 074

大刀阔斧改革教育 / 080

百年树人，薪火相传 / 092
人人都有舞台，个个都能精彩 / 100

发展一小步，幸福一大步
新鸿社区：从老旧院落到智慧社区 / 111
成都饭店：20世纪80年代成都的时尚地标 / 117
新华公园：陪伴东郊人的春夏秋冬 / 127
成华小学：以美育人的摇篮 / 140

故事中的传奇人生
张振华：跨越三个时代的传奇老人 / 151
陶亮生：春风化雨，不悔儒冠 / 159
曾织辉：身上的伤疤，就是我的勋章 / 170
罗俊德：战场上的生死，哭都哭不完 / 178
唐荣基：竹琴即道情，唱尽人间百态 / 182
鲁国华：一场精彩却孤独的声音独角戏 / 189
苟建勋：书法，是我生活的一部分 / 198

后记

川西坝子的诗意栖居

“以前这边都是农田，就跟乡坝头一样的。”双桥子以前是什么样子的？这个问题，只要在双桥子的路边拉上一个有点年纪的老居民，都会给出如此雷同的回答，他们还会指着身边的马路、商铺或者楼房说：“这些以前都是菜地。”有些甚至还会望向某处说：“看嘛，我家以前的地就在那边。”

20世纪五六十年代以前，这里和成都平原上的其他农村院落一样，农户的宅院与周围的茂林修竹、农田水渠等自然环境有机地融合在一起，形成了川西特有的林盘田园风光，是川西坝子的诗意栖居。人们在农田辛勤耕耘，孩子们在田间嬉戏玩耍，他们过着日出而作、日落而息的平平常常的农耕生活。

竹林深处有人家

清光绪乙未年六月晦日（1895年7月29日），正值成都的盛夏时节，闷热无风，年轻的林思进[①]和几位朋友相约去城东五里外的双林盘避暑消夏。他们的朋友钟肇立在那里修建了一座乡间别墅来青丙舍，院内有当时著名的成都私家花园—弓园，也被人们称作钟家花园。

一出城便是阡陌纵横的农田，稀疏地散布着几家农户的茅屋，茂密的杂树竹林围绕在人们的房前屋后。林思进穿过一条狭窄的田间小径，两旁的竹林肆意生长了数年，郁郁葱葱的枝叶合拢起来，形成一个天然的拱顶，挡住头顶炙热的阳光。再顺着一条小溪走上一会儿，跨过小桥，路则变得更加曲折幽深，路旁的田地里稻谷已经成熟，稻浪翻滚，而葫芦的枝蔓四处伸展，到处都是蝈蝈和蚱蜢。看似普普通通的农田环绕，其实已经到了来青丙舍的门口。原来，钟肇立为了避免俗客来访，特意将院落隐藏于林木田地之间。

一弓园并不大，只有数亩，其中水池廊亭的布置都仿自新繁李卫公的东湖。东湖相传为晚唐名相李德裕任新繁县令时开凿，明末被毁，清同治年间重修。园内湖塘掩映，波光粼粼，垒土为山，地势

① 林思进（1874—1953），字山腴，晚年自号清寂翁，成都华阳人，晚清举人。清末民国时期的著名诗人、学者，曾任内阁中书，成都府中学堂监督，四川省立图书馆馆长，华阳县中校长，成都高等师范学堂、华西大学、成都大学、四川大学教授，四川省通志馆总纂。

起伏，亭台楼阁、水榭回廊等建筑物则点缀在湖的周围和山上。而岸边一丛丛茑草、莎草青翠飘逸，与蜿蜒曲折的小桥流水相映成趣，园内四处花草丛生，树木葱茏，常有悦耳鸟鸣从林间传来。整个园林起伏叠嶂，错落有致，看似不经意的几笔，实则布局精巧，花费不少心思，尽显朴拙自然、浑然天成之美，难怪林思进一走进园中，顿觉清爽，不由得感叹道："灵境忽分，诚销夏之奥区，山阴之胜集矣。"[①]

园子的主人钟肇立那时已经七十六岁，早就赋闲在家，便在城外买地修了来青丙舍，在这座质朴的山庄里寄托自己归隐田园、乐享闲居的隐逸情怀，正如林思进所说："背郭面郊，潘岳闲居之处；床龟帐鹤，子山小园之居。即古方今，谁云不逮。"[②]钟肇立原是浙江海宁人，字蘧庵，号梦叟，曾做过赫舍里·英桂的幕僚，尽力防剿、捐助军饷，后以军功被吴棠调任四川，担任川东道道员。为官多年的他平日里喜欢画山水和墨梅，"苍古深厚，可并驾金农、奚冈，惜罕见巨画耳。间作花鸟，着色简单而相栩欲活，乃得蒋廷锡真法者"[③]，也曾编撰《留青山房诗文钞》，摘录张维屏所辑的《国朝诗人征略》中的诗词佳句，可以说是官场中的文人雅士。

这座隐于田间的一弓园曾在清末《成都通览》、民国《华阳县志》上有过简短的介绍，也曾出现在林思进、冯善征[④]的游记里，不

① 林思进：《一弓园销夏记》，载《清寂堂集》，巴蜀书社，1989年8月，第693-694页。
② 林思进：《一弓园销夏记》，载《清寂堂集》，巴蜀书社，1989年8月，第693-694页。
③ 沃丘仲子，《近代名人小传》，中国书店，1988年8月，第87-88页。
④ 冯善征，字子久，号达庐，江苏南通人，清代儒士。光绪二十九年（1903）癸卯科（经济）二甲一名进士，曾任四川云阳知县。代表作品《达庐诗录》。

过历史文献中关于它的记载并不算多。钟肇立的儿子钟文虎[①]于1926年离开成都前往上海定居，或许钟家花园就是从那时开始衰败的，土地改革时它被分给几家农户居住，“就是普通的穿斗房子，没有什么特别的”，他们并不知道这个钟家花园的来历，也没有发现这里曾经有过一个可以消夏避暑、躲避尘世纷争的花园。唯有一个老人有点惋惜地说：“我曾经在院子头捡了一个花盆，后来搬家就扔了。哎，我儿子劝我不要扔，说是古董，可那个年代哪里懂这些嘛，就是嫌搬来搬去麻烦，又没得啥子用。”

20世纪80年代，为了改善成都市民的居住条件，市政府对这一片区域进行统一规划建设，修建了一栋栋排列整齐、设施齐备的楼房作为居民住宅区。当初住在钟家花园的那些农户欢欢喜喜地搬进了宽敞明亮的居室，而那个“尘氛不到，暍暑都清”[②]的钟家花园终究消逝得没有留下一砖一瓦，它的“蜿蟺回环，幽深窈窕”[③]、它的“苔色墙阴古，荷香槛外清”[④]……从此就只留在那些曾在一弓园里喝茶饮酒、吟诗作对的文人墨客的辞赋中。

不过，钟家花园所在的“双林盘”这个老地名则被保留下来，于

① 钟文虎，字符卿，浙江海宁人，曾任灌县知县、川西道道尹等职，兼四川全省承审处处长、四川全省烟酒公卖局局长、四川水利局局长诸职，也是清末民初时期的四川名医，是上海名医陈苏生的老师。

② 林思进：《一弓园销夏记》，载《清寂堂集》，巴蜀书社，1989年8月，第693-694页。

③ 林思进：《一弓园销夏记》，载《清寂堂集》，巴蜀书社，1989年8月，第693-694页。

④ 出自冯善征《达庐诗录》中《陪冯蒿庵廉访小集钟氏别业》，转引自《四川历代方志集成第二辑·第九册》之民国《华阳县志·卷二十八·古迹二》，国家图书馆出版社，2015年9月。

是有了后来人们所熟知的“双林小区”和“双林路”。双林路，1985年开发建设双林居民住宅区时建成此路，成为成都北部贯穿东、西城区的主干道组成部分，1988年8月改名为新华大道，并重新划段命名。全路共分九段，双林路为新华大道东起的第一段，目前东南起二环路东三段，对双庆路，西北穿一环路东二段、东三段交会处，至新华桥，接新华大道三槐树路。[①]除了双林路，在双桥子街道辖区内，还有数条诸如双林北横路、双林中横路、双林北支路、双林巷等以“双林”为名的街巷。可见，竹林茂密的“双林盘”已经深入人心。

老地名双林盘的位置在今天的新华医院附近，也就是双华路和双桥路交界处的那片区域，在六七十岁老人们的记忆里，那曾是个非常偏僻的地方，晚上常有强盗路霸出现，拦住过路人打劫钱财，“双林盘附近很少有人家，要到白庙子附近的响水沟才有住户。所以太阳一落坡，这里就路短人稀了，要是一个人的话，都不敢往那边走。”从小就生活在这里的七十六岁老人杜路明回忆道，“那时没有路灯，只有把竹子敲破了，烧成火把来照明。”据说这里以前还枪毙过人，不少老人就算在今天说起这件事依然有点冒冷汗。今年六十九岁的付大姐说：“我以前在五显庙（今万年场附近）上小学，回家就要从双林盘路过。那边有人遭敲沙罐（四川方言，意指被执行死刑）哦，想起都吓人得很。”

白天的双林盘则是人来人往，这条小道是很多人前往老成都著名的集贸市场牛市口赶集的必经之路，也是城内从望平正街出发，经水

① 成都市地名学会、成都市方志办编：《成都街名指南》，成都时代出版社，2005年11月，第303–304页。

碾河、双林盘前往赖家店和龙潭寺的常用路线。那时就是一条坑坑洼洼的土路，“雨天一脚泥，晴天一腿灰”。据1992年出版的《成都城区街名通览》记载：“（双林盘）今水碾河北三街东约400米，尚存一段古道和水沟，三五户人家，两笼竹子。”[①]如今那里已是水泥森林，见不到古道和水沟，更别提竹林了。

关于“双林盘”这个地名的来历有几种说法，一种说法来自双桥子街道的许多老居民，比如杜路明回忆道，“以前这条小路的两旁都长满了竹林，茂密得很，两边的竹子架起来把天都挡住了，只看得到一个小溜溜，所以叫作双林盘”；还有一种说法则来自《四川省成都市地名录第二分册金牛区部分》，书中记载了保和公社“双林村”的得名由来：“双林村，距五桂桥5公里。钟、古两姓林园相向，故名。点将大队驻地。”[②]这里的双林村就是指原双林盘这一区域，当时属于成都市金牛区保和公社点将大队，其中钟、古两姓林园即指钟家花园和古家院子，该地名1986年因统建征地而消失。

林园与林盘，在四川方言里的意思大概相同，描述的就是成都平原上常见的农村聚落的场景：为了方便耕种庄稼，农户往往选择在距离自家农田不远的地方建造房屋，并在宅院的四周栽种树木竹林，依林而居。林盘内所聚居的农户数量普遍不多，以几户或十几户为主，也有少数单门独户的林盘。林盘，可谓是四川省独特的农耕生活形态，是人类居住环境演变过程中的一个中间环节，由无数林盘构成的

① 吴世先主编：《成都城区街名通览》，成都出版社，1992年9月，第538页。

② 成都市金牛区地名领导小组编：《四川省成都市地名录第二分册金牛区部分》，成都市金牛区地名领导小组出版发行，1984年10月，第48页。

聚落在空间形态和自然人文景观方面独具风格，是川西农耕文明的典型代表。[①]

林盘广泛分布于四川省境内的平坝地区和浅丘陵地区，典型的林盘聚落则主要分布在得益于都江堰灌溉的成都平原。位于成都东南郊的双桥子处于成都平原的边缘地带，放眼望去，良田沃野、菜畦成片、竹林茅舍、小桥流水，构成了一幅美好的田园风光画卷。林盘矗立于纵横交错的田畴与灌渠之间，内层是农家宅院，外层有竹林树木，四周环绕着农田果园、溪流水渠和乡间小道等。清晨，田野间弥漫着一层如轻纱般的薄雾，慢慢地，太阳蹦上枝头，橘红色的阳光一点点地洒下来，袅袅的炊烟四起，雾散开了，眼前的一切又变得清晰起来，安静的村落开始苏醒，孩子背着书包嬉闹着跑向学校，大人们则扛着锄头说笑着走向菜地，人们说话的声音几乎盖过了响水沟哗啦啦的流水声。而忙碌了一天之后，大家又回到掩映于竹林的家中，吃完饭后，附近的几家人相约聚在院坝里摆龙门阵，大多数妇女的手上还没闲着，一边做针线活一边聊着家长里短。

这片田野上居住的人们绝大多数是来自湖北、湖南、江西、陕西、福建、广东等省份移民的后裔。在延续了近一个世纪的清代移民大潮中，以湖广人为代表的移民前后共有百万人进入四川。相对于成都的南、西、北三方，位于东南郊的双桥子则开发较晚，在清代以前，这里一片荒芜，到处都是坟地，很少有人居住。20世纪60年代，东郊为工业建设大修厂房和生活区时，常常会挖出一堆堆白骨；“文

① 段鹏：《蜀文化之生态家园——林盘》，载季富政主编《新视野中的乡土建筑》，哈尔滨工程大学出版社，2008年3月，第50页。

革”时还曾在邝家山（今新华公园一带）及其附近发掘了一个明代墓葬和东汉犍为郡守赵某之墓。湖广移民们背井离乡、辗转万里，来到双桥子，不知道付出了多少辛勤劳动才将这不毛之地变成肥沃的农田和宜居的林盘。

民国时期，这里主要生活着自耕农、佃农和雇农，只有少数富农或地主乡绅，因此宅院有大有小，以土墙草房、瓦房居多，也有一些木质穿斗结构小青瓦平房和地主乡绅居住的多进套院等。1944年出生的杜路明听父母说，他们原本是住在城里的，后来为了躲避日军轰炸，才迁到东郊。他小时候住的就是茅草房，“把稻草剁烂，掺到黄泥巴里做墙，取材方便又便宜”。屋顶则是竹架草顶，以竹竿和粗篾条扎成竹架，再把山草或者麦草由下向上铺满，必须铺得厚薄均匀，厚约十六厘米，铺好后要用疏板和手指将草理顺，这样的屋顶一般可以使用五六年。“其实这种房子住起来冬暖夏凉，多安逸的，就是要注意防火。”

而在邝家山的山脚一带，则多为木质穿斗结构小青瓦平房（民间多称为扇夹房子），也有几个比较大的院落，比如邝家院子、郑家院子等。邝氏家族的祖先来自江西猫儿湾，住在法华寺（今成华区教师进修学校一带）附近，有十大房人。陈毅少年时期在成都就读聚星学堂（后改名为华阳县得胜乡高级国民学校），那时他们一家就住在邝家院子。他和邝伯启（音）是同学，而邝伯启的爸爸正是聚星学堂的老师邝子文。邝子文是清代秀才，一生投身于教育事业，备受人们尊敬，是成都东郊的文化名人，后来成为聚星学堂校长。1937年陈毅还回到学校拜访过他。

土地改革时，新鸿大队的有些农户分到了邝家院子的房子，“大院子连着小院子，小院子进去还有小院子，就像小院子串着小院子。院子多大的，我们队的人基本都住在这里，有十几家人呢！”八队的卢大姐说，“全部都是扇夹房子，院坝外头都是竹林。天气好点的时候，还看得到远处的山！”

邝家院子的主体建筑是川西比较常见的木质穿斗结构平房。这种房屋采用穿斗式木构架，取材方便，用料经济节省，同时还可以缓解地震波；墙体为竹编夹泥墙，在木构架的柱枋之间以竹篾编织成壁体，然后抹上泥巴，等泥稍干后抹上石灰，粉平套白；再加上青黛色的小青瓦屋顶，整个建筑色彩淡雅朴素，与周围绿意盎然、四季花开的自然色彩相得益彰，让人觉得宁静之中又有灵动，尤其适合日常居住。

“邝家院子的屋檐好宽哦，我们家就把那个大石磨放在屋檐下，石磨有点大，直径差不多有半米。”今年五十九岁的林绍珍曾经也住在邝家院子，“等快到春节了，大家就排队来这里推汤圆粉，有时就连住在郑家院子的人都跑来推。平时也有人来磨点玉米粉啊、打点粑粑之类的。”由于气候多雨潮湿，川西林盘的民居多设置宽大的檐廊，方便下雨天人们也可以在通风明亮的半室外劳作起居，和朋友聊天，供孩子嬉戏，还可以用来存放一些生产生活用品。林盘民居往往以当地盛产的木、土、竹、草、石等自然材料为主，在建造中就地取材、因材设计、巧为搭配，营造出自然舒适的居住环境。

“那时我们吃饭都端着碗在院坝头吃，小时候还经常跑到东家屋头夹块菜，跑到西家屋头喝口汤。吃完饭就开始摆龙门阵，等凉快了才回去睡觉。尤其是小孩子还老东窜西窜的，有时直接就在小伙伴家睡觉吃饭了。等到农忙的时候，你帮我打谷子，我帮你打谷子，大家相互帮衬起，开心得很！”卢大姐在邝家院子住了好多年，她说自己特别喜欢那段日子。

对于农户家庭而言，林盘既是一种生产方式，也是一种生活方式。由于拥有纵横交错的沟渠可以保证生产生活用水，双桥子的农户可以自由选择距离农田较近的地方修建房屋，有利于精耕细作，增加农作物的产量。而宅院外的竹林树木可以绿化环境、遮阴挡风和保水固土，还可以为农户的生产、生活提供可用于燃料、建筑、编织等多种用途的原材料。同时，天井院坝和林间空地都是农户从事家庭副业的场所。而院落、林盘之间保持一定的距离，既相对独立又相互照应，可谓“出入相友，守望相助”。作为川西农村独特的自然群落，林盘既是生产协作的社会组织单元，又是“世外桃源”般的生活基地，可以说，林盘与川西人崇尚自然、辛勤劳动、闲适享乐、灵活处世的生活哲学相得益彰，以致融为一体。[①]

① 方志戎：《川西林盘聚落文化研究》，东南大学出版社，2013年11月，第47页。

寻常百姓的田园生活

冬日暖阳下的菽香里，是一条被阳光染成金色的小巷，黑色的沥青路面平坦整洁，道路两旁的小叶榕、竹林等依然绿意盎然，还有几处三角梅不畏寒冷地开出几朵艳丽的花儿，在阳光下尤其耀眼。这里的楼房不高，只有六七层楼，大多数人家的阳台上都挂满了香肠腊肉，老人们聚在楼下七嘴八舌地聊天，而院子里的蜡梅正传来阵阵幽香。

菽香里，位于双桥子街道的北部，以前全是农田，1986年才开始兴建楼房，成为城市的一部分，那时还有部分区域仍是菜地，人们为了纪念这里曾有过的泥土芬芳和田园生活，特意取了一个颇有诗意的名字——“菽香里”[①]。“菽”，是豆类的总称，也是重要的粮食作物五谷之一，通过这个名字，我们不难想象这片土地上菜畦成片、稻菽飘香的丰收景象。

双桥子的大部分区域也是如此，在城镇化发展的进程中，往日的农田上修起厂房、居民楼和马路，于是，不少农民变成工人，成为城市居民，其物质生活条件得到不少改善，而那段在田间劳作的日子，往往会在茶余饭后和老邻居们摆龙门阵时被拿出来摆一摆。虽然那时老百姓的日子大多极其清贫，但四川人天生的乐观和对生活的热爱，又让他们尽力将平凡的生活过得有滋有味。

---

① 青羊区地方志编纂委员会办公室编：《成都地名掌故》，成都时代出版社，2006年9月，第376页。

这里以前真的有条河

走在双桥子的街上，不熟悉这里的人们常常会心生这样的疑惑：为什么“双桥子”“水碾河”这些一看就知道是和河流有关的地名，可如今它们的所在地偏偏全是水泥路面，根本没有什么河流，甚至连小小的沟渠都没有？

其实，几十年前，双桥子片区里贯穿着细碎的水网，分布着很多灌溉用的水渠河沟。“很多小水沟，给菜地浇水还是很方便的。有些水沟有名字，有些就没名字，白庙子那边过去就有个响水沟，一条小水沟，因为是从稍微高一点儿的地方流下，水声特别响，哗啦啦地整天都在响。”付大姐的老伴曾在白庙子改建的小学读书，每天都要从响水沟路过。而双桥子曾经是一片烂泥塘，正如序中所写，那里有两条水沟，一条灌溉万年场一带农田，另一条灌溉牛市口一带农田，后来，当地农民用两块石板盖在两条水沟上面，形成小桥，称为双桥子。

“水碾河那里，以前真的有条河，就叫水碾河。”双桥子的老居民都这样说。在双林盘青翠挺拔的竹林之间，流淌着一条七八米宽的小河沟，它的水源主要来自沙河，从北面新鸿路向东南方向流过来，然后曲曲折折地奔向九眼桥下的府河。清同治年间，人们在这条河沟上修建了一座水碾，供附近村民打米、磨面用，后来，人们以此为标志性建筑，将小河沟及其附近的区域称为“水碾河”。

古人在生产实践中很早就对水力的作用有了科学认识，据说早在大禹治水时，人们就已经开始注意利用水流的力量，因此，水力很早就成为重要的农业动力来源。而水碾，是魏晋南北朝时期发明的谷物加工机械，它充分利用水利资源带动碾砣，使谷物脱壳或者去麸，其效率远高于畜力碾。《魏书·崔亮传》曾记载："亮在雍州，读《杜预传》，见为八磨，嘉其有济时用，遂教民为碾。及为仆射，奏于张方桥东堰谷水造水碾磨数十区，其利十倍，国用便之。"[①]崔亮曾任北魏雍州刺史，受杜预的启示在民间大力推广卧式水轮驱动的水碾和水磨。人们的主要粮食是水稻、麦子，都是需要舂去外皮后才能食用的，给它们脱壳、磨粉是一项非常繁重而枯燥的体力活。而水碾不仅解放了人力，还极大地提高了生产效率。

古代的成都也曾经是一个水网纵横的城市，人们常常在水力资源丰富的灌渠和溪沟上修建碾坊，据清末《成都通览》记载，成都之近城水碾就有十一处之多。[②]水碾河附近的农户全靠这座水碾打米磨面，就连住在新鸿路附近的农户都要用鸡公车或者肩扛人挑地把家中的稻谷、麦子运过来加工。那时，这座水碾的主人是一位腿脚有点不方便的妇女，每次使用水碾都是要收费的，麦子是一分钱一斤，稻谷是五厘钱一斤，"麦子的加工工序要多一些，要磨成面，所以要贵些"。

碾坊就修在水碾河的南面，一座普普通通的青瓦为盖、黄土为墙的平房，房子的四壁和房梁落满了一层薄薄的糠灰，中间则放着一个直径长达几米的大石磨，也就是碾盘。碾盘的中央设有固定的中轴，并装一根横轴，横轴的一端装上一个大滚轮，而中间凹下去的地方就

① ［南北朝］魏收：《魏书》卷66《崔亮传》，转引自魏明孔《中国手工业经济通史·魏晋南北朝隋唐五代卷》，福建人民出版社，2004年5月，第139页。
② ［清］傅崇矩：《成都通览》，成都时代出版社，2006年1月，第17页。

是加工区域，也叫碾槽。当湍急的水流从碾坊的下方流过，直击位于水中的木转盘时，则会带动上面碾盘的滚轮滚动，在咚咚咚的碾磨声中，将稻谷碾成白米，成为百姓们餐桌上香喷喷的米饭。

就算在20世纪五六十年代，水碾依然是非常忙碌的，咕咕噜噜地转个不停，要是遇上收获的季节，人们往往还得排队等待碾米。随着东郊工业的兴起，河沟的水量开始减少，水碾慢慢地失去了它的用途，再到20世纪80年代，附近的菜田变成楼房，而碾坊的身后建起成都饭店，水碾终于消失了，它曾经占据的那块土地变成了平平整整的公路。

尽管小桥、水碾、河流早已不在了，可“双桥子”“水碾河”作为地片名却留下了，依然留在人们的日常生活之中。在这片区域上，除了干道双桥路、水碾河路以外，还有很多街巷是以主地名“双桥”或“水碾河”加上方位和序数命名的，比如双桥北一街、双桥南一街、水碾河北一街、水碾河南一街等，就连在修建商场、农贸市场、旅馆等场所时，也依然命名为“水碾河商场”“水碾河农贸市场”，方便老百姓一听就明白其地理位置所在。

在农业社会，水是一种极其重要的自然资源，农业最早的兴旺，乃至远古文明的发源往往出现在各大河流流域，那时，人们依赖河流，用河水灌溉作物，靠水流运输物资，在河边洗涤衣物，于河中戏水玩耍……而如今，河流的领域在城市的发展中逐渐萎缩，那种碧波荡漾、水光潋滟的景象越来越少地出现在人们的视野里，不过，那些曾经和河流发生过的故事并没有消逝，它们会以各种方式烙印在城市的记忆中。

我们那阵种的莲花白，好安逸哦

成都东门外的这片平原正好处于府河以东、沙河以西，沟渠小溪广布其间，并不是一望无际的平坦，而是到处低阜浅洼，如波浪起伏，不过小丘的坡度平缓，往往不超过十度，相对高差不过数米至四五十米。其土壤尽为现代冲积土，色灰黑，尚肥沃，多砂质，易漏水。[①]20世纪40年代，双桥子由于距离城区较近，肥料供应方便，灌溉便利，农产品销售不错，农户大多精耕细作，主要种植水稻和小麦，兼有油菜、蚕豆之类，后来这里慢慢以蔬菜种植为主，是城市民众蔬菜供应的来源之一。

“我们家院坝以前就在这附近，我们属于菜农，冬瓜、茄子、豇豆、四季豆、莲花白、韭菜，啥子菜都种。”家住新鸿社区的张阿姨曾是金牛区圣灯公社新鸿大队的菜农，她指着小区门口的车棚说，“车棚那个位置，以前叫作牛滚凼，每次打了谷子或者犁了地，牛又热又累，就来这个凼凼里面泡起，这儿可以泡两头牛。”

菜田里一片碧绿葱葱，在人们的精心照料下，莲花白长得茁壮鲜嫩，散发着沁人的清香。紫色的茄子、绿色的豇豆、青色的冬瓜把菜田装扮得五颜六色，生机勃勃。虽然俗话说“种瓜得瓜，种豆得豆”，可菜农的生活并不轻松简单。他们早上八点就要开始干活，挥锄播种、挑粪施肥、担水浇灌、除虫拔草，除了中午吃饭时可以休息一下，下午要六七点才能收工。“我们有时候割菜就拿起绳子，边

① 施雅风：《川西地理考察记》，《地理》1945年第1–2期。

做边裹，五斤一捆或者十斤一捆，全部都是蹲着的，从来没有坐过板凳，起码一厢地都是蹲着割完的。”张阿姨当年就在生产队负责收割蔬菜的出菜组，“我们那阵种的莲花白，好安逸哦！剃得雪白，好干净，又大又紧，比现在的好吃多了。”

在抢种抢收的日子里，生产队常常是凌晨四五点就开工，天色还半明半暗，田埂边已到处是晃动的人影，一组人员负责将田里的胡豆植株砍下来捆好，另一组人员则负责坐在小板凳上剥胡豆。“没办法，胡豆要是过了夜，颜色就不好看，就不好卖了。”剥胡豆的组员都会在拇指上套一个缝纫用的顶针，可每天下来手还是特别痛。很多蔬菜都和胡豆一样，比如豇豆、白菜、黄瓜等，为了保证新鲜都需要半夜采割，才能在天亮就送到蔬菜公司进行售卖。

蔬菜采摘后还有专门的送菜组负责将蔬菜运往蔬菜公司（位于今成都市第六人民医院附近）。“我们这边都是女的送菜，我一次可以拉好几百斤呢，不相信吧！”看起来瘦瘦小小的杜阿姨很自豪地回忆。当时生产队主要依靠架架车运送蔬菜，这种人力车的样子和板板车类似，但要小一些，钢铁质横杆连接双轮，横杆上放置竹筐或者木板用以盛货。从菜地到蔬菜公司的这段路全是上坡，需要两个人并排一起拉，一趟就要走一个小时。“上坡真的恼火，我们还不是嘿作嘿作地拉起走了。”人们还编了一个顺口溜：“七十二行，架架车为王，衣服磨烂，颈项拉长，脚刹车，手加油，喇叭就在嘴巴头。”这是对当时拉架架车的真实写照。

20世纪80年代，双桥子的蔬菜不仅销往成都附近，还有部分莴笋、菠菜等会打包运到北方，甚至还有一些高档名优蔬菜如韭黄等运往中国香港、日本等地区和国家。“以前韭菜一角钱一斤，韭黄我们都用帕子擦得干干净净的，要卖两角钱一斤，用稻草捆好后送到双流机场运往香港，就要一美元一斤哦。”当年的外贸出口商品并不多，所以林绍珍对这件事记得特别清楚。

田坝头就是我们的游乐场

20世纪五六十年代的双桥子，没有琳琅满目的玩具，没有种类丰富的零食，也没有应接不暇的电子产品，更没有惊险刺激的游乐场，而大多数父母都忙于应对生活的窘迫，根本没有时间和精力陪伴孩子。于是，家门口的那片田野就成了孩子们撒欢玩耍的地方，那些大自然“生产”的宝贝，那些花草虫鱼、日月云霞、沙土石子、河渠小溪，在孩子眼里都是好玩有趣的玩具。对于孩子们而言，“田坝头就是我们的游乐场”。

成都的气候宜人，适合植物生长，很多人都习惯在房前屋后种上一些花花草草，这些植物也不需要人们太多的关照，只要有点阳光和雨露就可以破土而出，长出一大片红红绿绿的风景，它们虽然不是什么名贵品种，却也质朴而绚丽，装点着人们普通的生活。其中那些绽放的花朵，往往便是女孩们的心头好，尤其是夏季盛开的指甲花和胭脂花，单听这两种花的名字就可以猜出女孩子喜欢它们的原因了。

一到6、7月份，长在墙脚的那几蓬指甲花就开花了，娇艳粉嫩的小花绽放在碧绿的叶丛中，或嫣红，或粉白，头尾的花瓣高高翘起，好似凤凰，因此又被人们称作凤仙花。女孩们放学之后约上几个小伙伴，掐几朵指甲花，和着明矾或者盐一起捣碎，然后把汁液涂到指甲上，用叶子或布包上一夜，等着点点丹霞染上，便凑在一起相互攀比谁的更红、更好看。据说早在宋代民间就有人用指甲花染指甲，而这个方法大多都由女孩的妈妈或者外婆口口相传、手手相授。

等指甲花开上一段日子，胭脂花也来凑热闹，紫红色的小喇叭挂在葱葱郁郁的枝头，三五朵地簇拥在一起，热烈而妩媚。男孩们喜欢直接把喇叭的底部扯掉，将细细的花颈含在嘴里吹奏，发出细细的声响；而女孩们则摘一朵下来，将绿色的花萼和喇叭底部的小圆球轻轻撕开，将那根最粗最长的花丝拉出来，再把小圆球塞进耳朵里，轻晃脖颈，纯天然的花朵耳环也随之婀娜地摆动起来。等到胭脂花结了果，女孩们还会把地雷一样的黑色果实打开，用里面的白色粉末搽脸，“管它看起自然不自然的哦，女娃娃总是喜欢白一点儿，一白遮百丑嘛”。不管是“一夜深红透”的指甲，还是摇曳浪漫的耳环，这些小小的点缀无非都源自女孩们爱美的天性，也是她们在物质匮乏年代对美好生活的向往。

当女孩寻思着如何用花草把自己打扮得漂漂亮亮的时候，男孩则在草丛中寻找一种叫作“饿花”（音，也被称为油蚱蜢）的飞蝗。虽然成都平原上生活着好几种蝗虫，可油蚱蜢是最受男孩欢迎的，因为它吃起来非常美味，“逮到之后把翅膀扯了，把锅烧红后丢下去，噼里啪啦地响，还可以炒出一些油来，香得很！”杜路明津津有味地回忆起这道几十年前的“零食”。油蚱蜢体大而身上有绿色花纹，后腿发达，长着锯齿状的刺，特别有劲，善于跳跃，不易捕捉。男孩们一放学就钻到草丛里，捉到一只油蚱蜢就随手摘一根狗尾巴草，用茎秆穿过油蚱蜢的脖子，慢慢地，一根狗尾巴草上就串了很多油蚱蜢，等到父母呼唤吃饭，便提着一串串沉甸甸的狗尾巴草开心地跑回家。

除了油蚱蜢，诸如董鸡、秧鸡、屎壳郎等很多小动物都是男孩们的“猎物”。比如双腿又细又长的秧鸡，它比母鸡小一些，全身淡褐色间黑色条纹，喜欢栖息在芦苇丛、水稻田中，主要以植物种子为食，有时也吃昆虫。民间有个歇后语“秧鸡钻草堆——顾头不顾尾”，说的就是秧鸡一旦被追急了，看到草堆就会钻，常常是头躲进草丛中，屁股还翘在外面，自以为已经安全。秋天收割稻谷之后，田野空荡荡的，没有可供秧鸡藏身的地方，男孩们就利用秧鸡的这个习性把它吓到谷草垛里捉住。“秧鸡逮回去，全家人都喜欢得很，那个时候，荤腥吃得少，也是给桌上添了一道荤菜哦。”

过年杀鸡时留着鸡毛做鸡毛毽，春末吃杏时把杏核洗干净用来玩抓子儿，仲夏在河沟池塘里游泳戏水捉河蟹，秋收后将高高的谷草垛当作跳马，胆子大点的男孩还会跑到坟地里拣白骨看鬼火……“没有耍事，我们就自己找点耍事嘛！”付大姐回想起那些童年时的“耍事”，笑得合不拢嘴，“小时候家里穷是穷，可总有穷开心的办法。”

正是这些“土里土气”的乡村游戏，它们就地取材，因陋就简，又简单又接地气，让孩子们在嬉戏中感受大千世界，不仅愉悦身心，更培养了勇于追寻、探索生活的优良品格，为生活在缺衣少食年代的人们带来了一段快乐而美好的回忆。

中国五冶：
走在城市建设的前线

夏日清晨，锦江江面上腾起浓浓白雾，恍若仙境，站在锦江大道的大桥上看过去，两岸的高楼身处云雾中，犹如空中楼阁。早上8点，由中国五冶集团有限公司（以下简称五冶）承担建设的艺尚锦江文创中心的施工工地上，传来清脆的“哐当哐当”声，几台高耸入云的塔式起重机正忙着吊运物料，工人们井然有序地忙碌着——高楼大厦正在拔地而起。尚在修建中的高楼顶端包裹着天蓝色的密目式安全立网，上面写着硕大的“中国五冶”四个字。而工地的不远处，正是2009年12月建成的五冶大厦，外观凝重朴素，气势恢宏而充满现代气息。

建筑，可以说是城市物质形态的最小单元，虽然单看每一个建筑，并不会影响城市的整体形态，但众多建筑的集聚其实构筑了城市里每一个环境、每一处角落的细节，它们为人们遮风挡雨，搭建了每一个人工作、学习和生活的空间场景。曾经的锦江两岸，是一片片或杂草丛生的荒地，或生机勃勃的农田，正是五冶人这些城市建设者风雨兼程，披荆斩棘，走在城市建设的前线，用他们勤劳的双手唤醒了这些沉睡的土地，使之变成我们美丽温暖的家园。

从东北到西南，磨砺中前行

“宝剑锋从磨砺出”，五冶是一个有着七十多年历史的老企业，这七十多年里，它跟随着祖国的社会主义建设一起成长壮大，从东北到西南，从西南到东海边，转战辽宁、吉林、黑龙江、四川、西藏、北京、山东、湖北、浙江、上海等十多个省（区、市），征程3.4万公里，在磨砺中前行，用最快的速度、最好的质量、最大的干劲、最多的激情，修建一座座具有划时代意义的厂房，为振兴新中国工业的伟大事业做出了积极的贡献。

在辽宁省抚顺市新抚区中央大街25号，坐落着一座饱经沧桑的灰色多层建筑，它坐西朝东，主体楼共三层，四翼两层，整个一层至二层呈放射状，四角突出，形成了一个钢筋混凝土的X形建筑。这座风格与众不同的建筑，是抚顺矿业集团有限责任公司办公楼，也是如今深深扎根于成都的五冶生命的起点。

五冶诞生于1948年10月31日，其前身系伪满时期抚顺矿务局工事事务所属下的营缮队，主要承担矿务局的营缮及土木建筑，因此诞生之初名称沿用“抚顺矿务局工事事务所”，有职工六百余人。新中国成立后，五冶经过多次改组，成为中央重工业部有色金属工业管理局第四工程公司，参与抚顺铝厂、发电厂宿舍、招待所、制钢厂热处理工场等工程的建设。

为响应国家建设东北工业的号召，1953年末，五冶开始向位于松花江畔的吉林搬迁，承建第一个五年计划重点项目之一的吉林炭素厂，之后又建成了吉林电石厂、吉林染料厂、吉林肥料厂、吉林铁合金厂。从抚顺到吉林，从长白山脚到松花江畔，第一代五冶人个个意气风发，以一腔沸腾的热血和脚踏实地的作风，靠双手在广袤的东北大地上建起一个又一个结构严谨、坚固宏伟的厂房，成为第一批投身东北工业建设的中坚力量。

1956年5月，国家撤销重工业部，成立冶金工业部、化学工业部和建筑材料工业部。1956年8月初，五冶被划归冶金工业部。为支持重庆钢铁公司（以下简称重钢）、重庆特殊钢厂改建和扩建的需要，组成第十一冶金建筑总公司，由时任党委书记洪坚、经理成克、副经理王绳武带领2023名职工，拖家带口迁往重庆，成为四川省第一支冶金专业施工队伍。[①]1958年3月，为了加快重钢建设，五冶与重钢合并，参与重钢老区改扩建和新区建设。

重庆市位于我国西南山区，而吉林市则地处东北地区，两座城市相隔数千公里，气候环境和生活、饮食、语言等方面都有诸多不同。当时五冶的职工大多数出生于东北，很多人都是第一次来到南方，还偏偏遇上了酷热的炎夏。与北方夏天的凉爽干燥不同，这里的夏天不仅温度高，常常连续数日40℃以上，空气湿度也很大，让人感觉闷热难熬。

今年七十二岁的山东人马建军是五冶的退休职工，他中学时跟

---

① 四川省地方志编纂委员会编：《四川省志・冶金工业志》，四川科学技术出版社，1992年1月，第58页。注：当时重庆市尚未成为直辖市，在行政规划上依然属于四川省。

着在五冶工作的父亲来到重庆，“那个时候我们上学都是光脚丫子，夏天马路晒得很烫，我们就只有找马路边有草窝的地方，一跳一跳地走，这样才舒服一点儿。”在重庆生活的那段日子给他留下了深刻的印象，“晚上屋子里面太热了，我们就在屋外的地上洒点水，把重庆的凉板放在上面，就在外面睡觉。”刚来时他们也不习惯吃大米，一到过年就背着米到李家沱去换面粉，“北方人还是喜欢吃面粉，但重庆的面粉那时特别少。”

“来了就要做好，干了就要争第一。”虽然背井离乡，住在简陋的茅草房里，虽然还没有完全适应在重庆的生活，五冶人依然全力以赴地投入长寿化工厂和重钢的建设当中。在“大跃进”时期，为了抢速度，数千名职工挤在工地的帐篷里，在工地餐、随工地眠，常常是几天几夜不下火线，有的甚至连续几十天不回家，最终胜利完成了重钢的扩建任务，将其建成当时西南最大的钢铁生产基地，结束了西南土法炼焦的历史，支持了内昆铁路、武汉长江大桥等多项重大工程的建设。

重庆是一座山城，城市建筑都是依山势而修筑，很少有一块面积较大的平地，位于大渡口区的重钢也是如此，地形崎岖，面积窄小，有效利用面积仅为1.7平方公里，长3.5公里，宽0.5公里，形如一弯月牙，不仅旧址拥挤，而且扩建的新区又出现滑坡；同时，由于地形限制，导致内部运输条件也极差；再加上当时我国的工业尚在复苏阶段，建筑技术、工艺与材料都非常匮乏。这是摆在五冶人面前的又一场严峻的考验。

五冶将公司的全部施工力量投入这场战斗中，施工高峰的1959

年，现场施工职工甚至多达2.5万余人。五冶的各级领导每天都深入现场，每天都有电话亲自调度、督促检查，发现问题，及时处理；广大职工劳动热情空前，积极参与各种内容、不同形式的劳动竞赛，争当先进生产者和先进工作者，不计报酬地忘我劳动。

在五冶人的进取开创和奋力拼搏下，困难一一被克服：1958年，他们采用钢栈桥汽车运输的浇灌法浇灌重钢620立方米的高炉基础，只用8小时53分钟就浇灌完成1460立方米混凝土，创造了当时浇灌混凝土的全国纪录；虽然砌筑焦炉耐火砖仅有一台皮带式车床及两台半自动车床，他们白天忙工程，晚上学技术，最后自力更生制造出多台磨砖机等专用焦炉设备；没有大型吊车可供高炉炉体的安装，他们自制可起重60吨、63米高的大型抱杆安装高炉炉体金属构件和设备，用土方法吊装完成了任务；工人李万森改革铝接头压接钳子，比A型焊机提高工效20倍；当时水泥奇缺，为不影响施工进展，他们又自制了简易设备生产湿辗矿渣混凝土，保证焦炉混凝土结构的工程进度……五冶的筑炉专业之所以在后来享有全国"焦炉之冠"的美誉，也正是由于从那时开始打下的基础。

在基本完成重钢的建设任务之后，1961年4月，经过四川省委同意，五冶与重钢分建，组成四川省冶金建筑安装总公司，承担全川的冶金建设任务，迁往成都，陆续承担了一批国家重点工程，三线内迁企业，钢铁企业和化工、矿山项目的建设等数十项工程。

刚到成都时，国家开始压缩基本建设战线，五冶的工程任务非常少。1962年初，五冶有职工1.6万人，而年初的工作量只有800多万元，预计全年要亏损400多万元，当时五冶已经向银行贷款110万元，欠省财政厅40万元，连职工的工资都难以支付，这是五冶财政最困难的一年。除了抢干已有工程外，五冶人开始第一次外找工程，并处理积压物资，甚至到自由市场摆摊出售，也开始生产农民需要的产品。为了维持生计，有些职工还到自贡、乐山等地给别人做木工家具。咬紧牙关过完这一年，能够吃大苦耐大劳的五冶人没有倒下，盈利少有盈余，终于渡过了难关。1964年，公司改名为第五冶金建设公司。

唤醒沉睡的土地

▲ 成都无缝钢管厂一角　中国五冶供图

1965年12月31日，成都东郊五桂桥，虽然已到万物凋零的寒冬时节，可成都无缝钢管厂的工地上依然一如既往的热火朝天，几台塔式吊车高耸入云，巨大的悬臂吊起钢筋混凝土预制构件在轨道上缓慢移动，运送砂石和设备的汽车、翻斗车进进出出，扬起不少尘土，工长手持小红旗、吹着哨子专注地指挥着吊装，头戴安全帽的工人精心操作、忙进忙出。

而在刚刚建成的318毫米周期轧管车间（以下简称318车间）里，空气中弥漫着一丝紧张和焦灼的气氛，人们已经试轧了好几次，由于操作原因都没有成功轧出钢管。这时，当时的车间主任殷国茂一个箭步走上轧机，手握操作把，终于轧出了我国第一根用皮尔格机组轧制的大口径无缝钢管。[①]当天，冶金工业部发来贺电。318车间是成都无缝钢管厂的主要生产车间之一，它的建成标志着我国具备生产大型无缝钢管的技术和能力，而五冶正是318车间的承建方。

成都无缝钢管厂（现攀钢集团成都钢铁有限责任公司）是国家重点建设项目之一，生产多品种多规格的无缝钢管，建于20世纪50年代末，在国民经济调整时期暂停缓建。1964年，冶金工业部决定由五冶承担续建，全面负责征地拆迁、组织设计、设备材料供应、施工，主要建设项目有：318毫米周期轧管车间、216毫米周期轧管车间、平炉炼钢车间、电炉炼钢车间、650毫米热扩管车间、管加工车间、金堂分厂100 毫米无缝管（穿

▲ 成都无缝钢管厂318车间吊装现场　中国五冶供图

① 陈道熙、李英：《改革开放中的新型企业家——记成都无缝钢管厂厂长殷国茂》，载《企事业改革家列传（冶金卷）》，辽宁人民出版社，1989年10月，第169页。

孔机组自筹资金）和冷轧冷拔钢管车间，以及相应的水、电、气、机修、动力运输等公用设施与宿舍等民用设施。[①]而整个钢管厂的建成填补了我国石油管、地质管、国防航空用管的空白，成为当时军工、机械、化工、煤炭、轻纺、电力、造船等行业所需管材的重要生产基地。

▲ 成都无缝钢管厂318车间设备安装现场
中国五冶供图

五冶为成都无缝钢管厂的建设倾注了大量的心血，耗时长达20年之久。建厂初期，为了加强指挥施工，成立了现场党委和现场指挥部，由负责生产、设计、施工的几家单位一同参加，对工程建设统一领导，而五冶机关各处室迁至工地办公，生产、后勤均实行现场领导，服务于现场。当时，领导和职工都吃住在现场，干部们白天下工地，和职工一起研究解决问题，真正做到了“大事不过三，小事不过天”，夜里还要轮流值班，和职工一起住在油毡纸搭建的工棚里。

那时每人每个月只有十八斤粮食，工期紧，任务重，有时一天要干十多个小时，吃不饱就只有喝水，水喝多了，身上常常出现浮肿。虽然工作和生活条件都极其艰苦，可正是凭着领导以身作则、率先垂

① 第五冶金建设公司《五冶志》编辑办公室：《五冶志》，1989年10月，第22页。

范的工作作风和职工埋头实干、扎扎实实的敬业精神，五冶终于啃下了这块硬骨头，因在施工过程中速度快、技术优、质量好，得到冶金工业部和四川省的高度评价。

冶金部要求五冶要在10个月内建成的318车间，车间长1000米，宽24米，建筑面积31661平方米，车间设有原料、热轧、精整3个工段和内外八通的辅助工程，供水、供电、热力、空压、燃气、高压水、铁路、公路、通信等9大系统，19个工程项目和36个单项工程，分部项目多达2664个工程。如此庞大而复杂的工程还要求当年设计、当年订购配套设备、当年施工、当年建成出管，这样的任务本来就十分艰巨，再加上匈牙利撤走专家，带走图纸，留下的从匈牙利进口的设备中有3115吨既无安装图纸，设备的残损锈蚀缺件又十分严重，可谓难上加难。

不过，这些困难并没有让身经百战、坚忍不拔的五冶人退缩，面对设备残缺不齐的情况，广大职工献计献策，精心操作，积极进行修配改，使修复工作均能赶在安装之前；为缩短工期，土建施工实行中间开花，向两端挺进作业，为设备的安装创造条件；为弥补支模木工不足，集中了第二、三公司的木工突击完成任务；针对钢筋绑扎量大、规格多，采取集中调配使用的方案，在工序之间紧密配合，互相支援；房架屋面板吊装采用坦克吊两跨同时平行作业，同时还使用了无缆风绳的吊装法……大家再苦再累都没有怨言，只要早日把厂建设好，就是最光荣的事情，这是当时每一个五冶人发自内心的想法。他们夜以继日地修建厂房、安装设备，以异乎寻常的速度推进着318车间的建设，终于打赢了这场艰难的攻坚战，使318车间当年开工，当年出管，做到了优质高产。

“不搞花架子，要靠实打实地干”，这是五冶人常说的一句口头禅。作为冶建队伍的一员，五冶人早就习惯了住席棚、顶烈日，常常冷一顿、饥一顿，也正是这样艰苦的条件磨炼出五冶人吃苦耐劳的实干精神。20世纪五六十年代，虽然物质极其匮乏，工作条件恶劣，生活环境简陋，可五冶人仍然以满腔的激情披荆斩棘，以坚忍不拔的毅力完成了一个又一个的壮举，扎根成都，承担了成都冶金实验厂、自贡硬质合金厂、乐山冶金机械轧辊厂、峨眉铁合金厂、广元粘土矿、太和铁矿、长城钢厂等的建设。其中峨眉铁合金厂建成投产后，成为西南第一个大型铁合金生产基地，产品远销国内外，对西南钢铁生产发展起着重要作用。

创新融入血脉，争锋新时代

回顾七十多年历程，五冶已经发生了巨大的变化，由一个最初仅有七百名作业工人的矿务局营缮队，逐步发展成拥有五十几个分（子）公司、六千余人的精干高效、团结进取的职工队伍；由一个经济附加值低、技术含量不高的单一施工承包企业，发展成集工程总承包、钢结构及装备制造、房地产开发、项目投资为一体的大型综合企业集团公司；由一个年营业收入不足亿元、市场布局狭窄的企业，发展成年营业收入近百亿元、业务覆盖国内绝大多数省市和国内、国际两个市场同步发展的大型企业；由一个计划经济体制下，体制机制不活、市场竞争力不强的国有企业，发展成完全适应市场的现代公司制企业。

而这些变化的发生，都离不开五冶人务实创新的精神。“创新，让五冶立于不败。”身为五冶的掌舵者，董事长、党委书记程并强对创新有着深刻的认识和体会，“创新是一个民族兴旺发达的不竭动力，创新是一家企业提速发展的活力源泉，创新更是中央企业应尽的社会责任。”创新是企业发展最基础性的工作，不管是技术创新、质量创新、文化创新，还是机制创新、管理创新，五冶已经切实把创新作为一种理念融入了企业发展当中。

勇于技术创新，走在行业前沿

五冶是中冶集团冶金建设国家队的主力军之一。在钢铁冶金建设领域，五冶始终坚持技术创新为先，获得过包括国家科学技术进步奖特等奖在内的一系列技术奖项，以宝钢焦炉工程为代表的一大批烙着五冶印记的冶金工程搭起了共和国的“钢筋铁骨”。

新中国刚成立时，整个国家尚在经济恢复时期，五冶的施工工艺及操作方法很原始，一切都依靠手工劳动和习惯操作来完成，缺乏施工机械，技术知识陈旧。那时，配制混凝土不进行强度检验；木结构及砖石工程也都是人工操作，凭经验控制工程质量；土石方工程以肩挑杠抬人力操作较为普遍，工作效率也较低。

在“一五”时期，通过承担国家重点工程项目，五冶加紧学习先进经验，在施工技术及技术管理上逐步有所提高，施工机械化程度也不断改善，施工技术水平进入一个较快发展阶段，成长为一支勇于技术创新、严格苛求质量的队伍。早在20世纪50年代，五冶就在全国首创了预制钢筋混凝土柱子吊装和混凝土屋面制作综合吊装施工新方法；在冶金建筑系统首先采用“一次提升式集中搅拌站”，试制成功“预应力混凝土”、“先张法”等施工工艺。

五冶尤其注重广泛调动职工积极性，因地制宜地开展技术革新活动，取得了多项成果，有的成果当时已达到了全国或行业领先水平。1951年，瓦工于东海为了提高工地上的勾缝质量，和小组工作人员一起钻研技术，不断地找窍门、改溜子（勾缝用的工具），经历了数次失败之后终于创造了墙面勾缝流水作业法，勾好的砖缝不仅笔直整齐，而且工作效率提高200%，以前一个工人每天只能勾三四十米，而于东海可以勾六七十米。[①]这一技术在全国得到广泛推广，深受建筑工人们的好评。

20世纪五六十年代，施工生产条件简陋，为加快施工进度、确保工程质量、节约工程费用，五冶人常常自己动手生产、修配材料和工具。在参与重钢扩建项目期间，五冶积极开展技术革新和技术革命活动，仅1959年一年，职工就提出创新和双革[②]建议27万多条，改进和创造各种新机具计3000 多种、5000多台套，使施工机械化、半机械化水平得到飞速的提升，极大地提高了生产效率。

1958年，五冶负责建设重钢4号620立方米的高炉基础，底盘面积363平方米，混凝土量1460立方米。为了加快浇灌混凝土的速度，五冶人采用钢栈桥汽车运输的浇灌法，把混凝土用汽车开上栈桥，直接将其翻入高炉基础内，而周围方脚标高较低，混凝土量小，用手推车辅助。这次浇灌集中了36台自卸汽车正班使用，另外4台备用，震动器160台，每台震动器负担8–10立方米混凝土，由4个班组负责。最后，五冶人只用了8小时53分钟就浇灌完1460立方米混凝土，创造了当时浇灌混凝土的全国纪录。

尊重科学，勇于革新，提升技术水平和竞争能力，一直都是五冶人信奉的工作理念。1966年，在修建成都无缝钢管厂时，需要将25吨塔式起重机（以下简称塔吊）从管加工车间移至平炉车间，两地相

① 《党解放了我们的创造精神——记先进的建筑工人于东海》，载《荣誉属于创造性劳动的人们》，青年出版社，1953年4月，第160页。

② 双革，指技术革命和技术革新。

距不足200米，但需转两个90度角。塔吊是钢管厂平炉施工的主要设备，高52.5米，自重198吨，如果采用拆装的方法将消耗不少人力、物力，还会延误工期。

机装公司的技术人员聚在一起商量解决办法，施工经验丰富的他们发现塔吊迁移的关键在于转弯。塔吊的下部门形框架有4根横梁，每根横梁下有2个车轮支架，他们用千斤顶同时顶起前端或后端的2根横梁，顶起高度40–50毫米，及时拆卸车轮支架与横梁的连接螺丝，这样就可以把车轮自由取出。再将车轮支架和车轮一起调向90度，然后把两者重新架固好。顶起的同时还需拆掉原有的轨道，换上与原轨道方向垂直的2根新轨道，这样将车轮落到新轨道，然后用同样方法

▲ 五冶双林路生活区　中国五冶供图

换另一端2根横梁下的4个车轮支架和8个车轮，塔吊就可以在新轨道上行驶至平炉现场。这一全国首创的25吨塔吊不撤除、不转弯、不移动的总体安装法，缩短了工期48天，节约投资2万元。

尤其是在焦炉领域，自20世纪50年代建设重钢焦炉开始，五冶始终保持着领先地位。随着我国在宝钢一期工程首次引进日本6米大型焦炉工程的建设开始，五冶又进行大型焦炉施工的技术研究与实践，开创了我国冶金工业现代化大型焦炉建设的新纪元。近三十多年来，五冶先后服务于宝钢、首钢、济钢、莱钢等大型钢铁企业，积累了丰富的施工经验，形成了一大批具有自主知识产权的成套施工技术，拥有独有的核心技术优势，占据了国内焦炉市场的“半壁江山”，是焦炉工程领域当之无愧的领跑者和“国家队”，被誉为“全国焦炉之冠”。

科学技术是第一生产力。五冶一直注重加大科技投入、加速科技成果的推广应用，鼓励员工进行科技创新。除了焦炉之外，五冶在多年发展中还形成了冷轧、大型烧结、球团等拳头产品，拥有较强的品牌影响力。迈步新时代，在业务不断增多、产业板块不断扩张的过程中，五冶始终都坚持“冶”字为先，把冶金建设作为企业的“看家本领”，结合自身产品优势，着力在焦化、烧结、球团、棒材、冷轧及钢管等产品领域，持续推动冶金建设水平不断提升。

深化改革，迎接市场挑战

在那个历经战乱之后千疮百孔、百废待兴的岁月里，五冶人凭着不怕难、不怕苦的精神，在布满荆棘的道路上砥砺前行，经历了一个从无到有、从弱到强的艰辛过程。20世纪90年代末，由于国家经济结构调整，严控基本建设规模，本来“僧多粥少”的建筑市场竞争更加激烈，加之冶金市场逐步萎缩，五冶单一主业的弊端开始显现，成为市场竞争的严重短板，过去单纯依靠国家下达任务“等米下锅”，如今不得不面向社会“找米下锅”。同时，由于国家进入深化国有企业“三项制度”改革，建立社会主义市场经济体制的攻坚阶段，国家开始对国有企业实施全员劳动合同制、主辅分离、住房、医疗等一系列改革举措，多种因素叠加，使这个职工、家属数万人的“小社会”迅速面临严峻的生存问题，与众多国有企业一样，五冶进入了艰难的时刻。

在深入改革的阵痛中，五冶再次面临了新时代的考验。敢打硬仗、善打硬仗的五冶人没有退缩，他们一方面在体制、组织结构等方面积极执行和落实国家的各项改革措施，另一方面继承五冶人没有条件创造条件也要上的开拓精神，走出“舒适区”，抛弃“等靠要”，主动出击找任务、寻出路，开启了改革创新、脱困振兴的奋斗之路。早在1979年，善于开拓创新的五冶就把调整、优化产业结构提上了议事日程，开始了立足主业、多种经营的改革，逐步使公司从单一生产型企业向生产经营型企业转变。1998年9月，五冶正式成为中国冶金建设集团公司（现中国冶金科工集团公司）成员单位。2010年，五冶更名为“中国五冶集团有限公司”，为中冶股份公司的控股子公司。

几十年的南征北战，已经为五冶培育出了具有顽强生命力的创新基因。2002年底，面对严峻的内外部形势，五冶为了解决断米之炊的生存问题，制定三年脱困发展规划，明确了2003~2005年的奋斗目标：搞活企业，努力解困脱贫；走出困境，实现跨越发展。五冶人首先理顺战略目标，确定了上海地区率先发展、四川地区自我脱困的战略；同时，为了迅速搞活企业，五冶针对市场形势，在公司内部增加经济主体，相继成立多个区域分公司，作为增强内部活力的突破口和强攻市场的先行者。

而五冶在成都龙泉西河新建的成都钢结构生产基地就是在那时应运而生的，它是五冶破釜沉舟拓展其他产业板块，促进五冶再次勃发生机的一个缩影。钢结构生产基地的前身其实是五冶的钢瓶厂，主要业务是压力容器生产，比如医院用的氧气瓶等，另外还有一些机械制造、乙炔气生产以及简单的钢结构加工等业务。

21世纪初，五冶在改革内部机制的同时，也改革主业板块，除了大力发展工程总承包，从冶金建设向民用建筑、市政交通领域转型的同时，也开始进一步拓展其他产业板块，实现多元发展，从而分散风险。2001年8月，为了给国有企业解困，成都市政府提出实施“东调”战略工程，而钢瓶厂所在地正好处在“东调”战略的范畴内，五冶计划以钢瓶厂为基础，把老钢瓶厂简单的钢结构加工业务作为未来的主业进行发展，在新基地建立全新的生产线，添置全新的设备。

钢结构产业在当时还是一个比较新的领域，市场成熟度不够，而老钢瓶厂虽然技术含量小、利润薄，但毕竟是成熟的业务。对于那时还没有完全脱困的五冶而言，如此破釜沉舟，贸然进军新领域真的值得吗？有不少人提出过疑虑。

在经过详尽细致的调研和慎重的考虑之后，既百折不挠又科学严谨的五冶人心里有了底气，既然要干，就要干附加值高、技术含量高的产品，毅然决定上马钢结构生产基地项目，为五冶开辟新领域。

说干就干，不过，新的挑战又来了。新基地是一片300亩的荒芜之地，五冶人又将经历一次从无到有的磨炼，用自己的双手和汗水在这片土地上建起一个全新的生产基地。虽然人力、物力、财力极其困乏，可五冶人艰苦奋斗、自强不息的精神一直都在，短短一年时间就自主设计、建造了新的钢构厂，依靠自己的力量完成了旧厂搬迁。2003年，新的钢构厂建设完工；2004年3月18日，正式投入生产。自此，原有钢瓶厂的钢结构生产车间脱胎换骨，以全新的面貌和昂扬的姿态投入一轮市场经济竞争的洪流中。

东方锅炉是新钢构厂建成投产后承接的第一个加工制作任务，这是五冶钢构人第一次涉及锅炉钢结构，第一次接触到厚板焊接技术。由于工期紧、任务重、难度大，对钢构的技术工艺、加工效率都提出极高的挑战和要求。当时，精通焊接的作业工人也很少，比如厚板焊接技术，一个1.3米的厚板焊缝，最初需要4个作业工人连续焊接一周才能焊完，这样的速度只会拖延工期。为了优化焊接工艺，工程师们绞尽脑汁想办法，白天反复地进行各种实验、收集数据，晚上还要加班加点地总结经验、培训工人。经过无数次的失败和重来，焊接的速度终于提升了，同样1.3米的焊缝，如今就只需要一个工人焊接一天就能完成。

正是靠着骨子里这股不认输的拼劲，坚忍不拔、不断进取的五冶人在钢结构产业慢慢站稳脚跟，短短几年间包揽了成都市区七成以上的市政桥梁建设，并顺利开拓了内江、南充、宜宾、西安、太原、贵阳等区域市场，赢得了业界的良好口碑。

用两年时间基本实现了三年脱困目标的五冶，紧接着解决规范企业运行的健康问题，通过制定“二五”规划，把企业从量的增长转为质的提升；再解决可持续发展的战略问题，把企业做强做大。三次奋斗，三上台阶，五冶实现了全方位的变革，在新世纪迎来了脱胎换骨的巨变。

东郊工业润万物

20世纪50年代开始，成都作为国家建设布局的重点，开始进行大规模的工业建设。“一五”计划期间，成都兴建了一大批现代工业企业。20世纪60年代浩浩荡荡的三线建设期间，从我国东北、中东部工业发达城市的工业企业内迁部分设备和技术力量，或建立新厂，或与成都企业合并，成为成都工业发展的助推器，而东郊便是当时各大中型工业企业的主要分布区之一。

工业化的大力发展加速了城市的发展进程，为了解决工厂数万职工和家属衣食住行的生活问题，各种基础配套设施，从居住住宅、城市交通设施、水电燃气供应、学校教育，到城市供水排水系统、公共娱乐场所、广场绿地设计、商业服务等开始兴建，并不断完善，人们的生活水平不断提高。正是工业的发展，如春雨润万物一般，让住宅楼、学校、医院、商店这些与人们生活息息相关的设施，从东郊的黄土地上破土而出，它们生根发芽，茁壮成长，以舒展的枝蔓和绽放的花朵点缀着大地，而东郊也因此越来越美丽！

双桥子迎来东郊之春

1957年11月7日，国家建委建发区安字第1094号文件批准，在成都市东郊双桥子（原424厂所选厂址）建设420厂。1958年10月18日，兴建420厂开工典礼大会召开，正式破土动工。420厂［即今中航工业成都发动机（集团）有限公司］，原名国营新都机械厂，军工行业内编号“国营第四二〇厂”，是国内以生产飞机发动机和燃气轮机为主的大型国有企业。其厂区主要在二环路以东，今万年场一带，而生活宿舍区则主要分布在今双桥子街道辖区内。420厂的进驻，让寂静荒凉的双桥子迎来东郊之春，在来自祖国四面八方的人们勤劳的双手之下，这片沉睡的土地上渐渐焕发出蓬勃生机。

▲ 420厂老厂门　成华区政协供图

3800人的千里大迁移

为了充分发挥老厂作用，支援新厂建设，国家机械工业部决定以沈阳111厂为主支援420厂。111厂可谓全国歼击机发动机工业的摇篮，它曾于1956年孕育了410厂，1958年支援531厂数百名工人、干部和技术人员。1958年11月，111厂承担了“成套支援”420厂建设的任务，负责支援420厂3841名职工，其中包括生产工人、工程技术人员、职员和学徒工，并支援了391台金属切削设备和一大批工具、仪器等。为了保证人员、物资的迅速安全转移，111厂专门成立了转移指挥部，并设立了人事组，负责人员的转移，还在上海、北京、汉口等地设置接待站。同时，成立了物资组，负责物资的转移。

可是，对于历来安土重迁的人们来说，真的愿意离开有着亲朋好友的家乡，奔赴陌生、遥远、落后的西南腹地吗？睡惯了北方火炕，到成都会水土不服吗？……刚开始听到分厂转移的消息时，111厂的职工和家属们顾虑重重。1958年12月3日，111厂召开职工大会，向全厂职工进行了支援新厂和建立试制厂重大意义的教育、动员，号召广大职工积极报名支援内地建设。全厂职工以极大的革命热情响应党的号召，出现了丈夫说服妻子、妻子动员丈夫、夫妻动员老人、老人支持儿女到大西南建设社会主义的动人场面。

报名内迁的职工，有些把自己的房屋和家具以低价售出或者送给亲戚，有些赶紧把自己养的猪、鸡、鸭等处理完。许多职工表示：“我们卖房子，不是把心卖散了，而是一心一意干革命的心更实了。”“我不怕成都热，再热也没有我心热。”大家纷纷开始收拾家里的日常用品，准备带到成都去的行李，酸菜缸、吃饭用的小炕桌、装杂物的小柜子……这些即将远离故土的东北人试图把家乡的生活用品和生活方式也带到成都。“我们家还带了好大一罐粗粗的海盐，用一个大坛子装着的，那坛子我现在都还留着。”刘敏的父母和大家一样，担心成都这边什么都没有，带了不少行李过来。

1959年1月9日，沈阳111厂俱乐部召开了一场热烈的欢送会，由此拉开了千里大迁移的序幕。从辽宁沈阳到四川成都，横跨七省市，陆路行程2889公里，水路航行3521.5公里，加上成渝段行程，共4422公里。[①]当时主要有两条迁移路线，一条是乘坐火车的陆路，从沈阳经北京到郑州，然后经陇海线到宝鸡换乘后抵达成都；另一条是水路，从沈阳乘火车到大连，改乘海轮到上海，然后逆长江而上抵重庆，再改乘火车到成都。

从东北到西南相隔数千里，再加上当时比较落后的交通条件和设施，如何使得成百上千的男女老少和沉重的机械设备在如此短的时间内完成如此长的行程，这又成了一项极其艰难的任务。

就在首批五百多人的转移人员准备由沈阳出发时，忽然传来宝成线塌方的消息，那时家家户户的行李都已经先行装箱托运。当年担任搬迁总指挥部总指挥的李立德只有赶紧跑到北京寻求交通部的帮助，由交通部提供十条轮船，转移人员先坐火车到大连，再改走水路。

1959年1月19日下午4点，转移人员全部登上了海轮“民主十二号”。那时，很多人都没有坐过船，更没有见过海。刚开始大家还有说有笑的，后来轮船在海浪上颠簸不已，船上的人们吐得翻江倒海，晕船晕得吃不下饭菜，个个都无精打采的。两天后他们抵达上海，晕船已经让不少人下决心再也不坐船了，可他们还将继续登上江轮，逆长江而上。历经半个月左右的行程，他们终于抵达终点成都。

① 曹树清：《八千里路云和月——420厂初创纪实》，载王春才主编《三线建设铸丰碑》，四川人民出版社，1999年7月。

相对水路而言，乘坐火车的陆路就轻松了一些。刘敏的父母都是111厂的职工，他于1959年跟随父母来到成都，“坐了好几天火车，穿过好多好多山洞，看见好多好多大山，那时候宝成线刚刚修好，火车开得很慢，翻秦岭时火车前后有两个火车头，铁路旁还有很多施工的工人。”

虽然说“蜀道难，难于上青天”，这些祖国的建设者却不畏艰险，跨越大半国土来到成都双桥子。原计划整个搬迁工作必须在1959年上半年内全部完成，后因420厂基建拖延了进度，至1959年底才基本转移完毕。千里大转移为420厂带来了强有力的领导班子，协助420厂建立健全了相应的组织机构和各种规章制度，经验丰富的技术骨干们使生产能力迅速形成并增长，仪器设备为生产提供了物质条件——正是这样的“成套支援”，使420厂基建与生产步步衔接，紧密配合，保证了新厂的快速成长和发展。

上下班走出一条“双桥路”

“我们到成都的时候，双桥子还是一片荒郊野岭，420厂宿舍区还在修建，周围都是菜地，还有些坟墓，有的白骨还翻露在外。那时连双桥路都还是一条烂泥路呢！”在当时才上小学一年级没几天的刘敏的眼里，双桥子就是农村，而成都就像是一个小县城，“那时东北可是重工业基地，共和国的长子啊，成都可比沈阳差了好大一截。”

建厂初期，无论是工作方面还是生活方面，420厂能够提供给职工和家属的条件都极其简陋和艰苦。那边厂房工地正在抓紧修建，施工现场从1958年国庆节开始就取消了每周唯一的休息时间星期天，工人每天要工作10个小时，厂里号召职工“黑天到白天，一天当两天”，有些人甚至连续24个小时工作，累了就只能靠在椅子上睡一会儿；这边职工的宿舍不够，有好几百人只有和家人分开，按男女性别分别在厂房里打通铺。

那时，为了尽快将420厂建设好，厂里提倡“先生产，后生活”。来自重庆万州的李举亮1960年分到420厂，单身的他最开始住在今天宿舍楼10栋附近，“那好像是西南勘察地质队留下来的房子，我们见没有人管，就在那里打地铺；没有床，厂里就给了一个草垫子。”后来他又搬到了跳蹬河附近的408库房居住，“那边有床了，不过除了床就什么都没有，库房嘛，差不多200多米长、100多米宽，都是通的，没有墙。”

上海人孔祥富于1964年被分配到420厂，虽然那时厂里已经初具规模，开始正常生产，但生活条件依然简陋。他一开始住在由教室改造的宿舍区，一间教室用竹篾片编织的竹笆子分割成几个房间，竹笆子的表面糊上报纸当作墙，每一间里面再摆上十几二十张双层床，“一个房间里面住了好几十个人，上面都是通的，你打个屁隔壁都能听到。不过那个时候也不在意这些，白天上班很累，要加班到很晚，晚上回来倒头就睡。”

而如今连接一环路东三段与二环路东三段的双桥路，其实就是当年420厂那些住在水碾河的工人从家里走到厂区的上班路。原本只是一条田坎上的小路，后来厂里组织了四五百人的修路大队，那时候没有什么机械，全靠人力一锹一镐，肩扛手抬，填土打夯，手磨起泡了，肩磨出血了，经过两个多月的苦战修通了双桥路，路面并不宽，差不多能并排过两辆卡车而已。不过，这条新修的双桥路还是泥巴路，一下雨就泥泞不堪。

那时，由于420厂是军工企业，对外称为“新都机械厂”，所以工人们把这条路称为“新都路”或者“上班路”，1962年以它所在的地区旧地名“双桥子”正式命名为双桥路。后来，双桥路慢慢改造成为碎石路，直到1965年左右，双桥路才铺上水泥，彻底告别了让人们头疼的烂泥路，真正成了一条笔直干净的马路，厂子弟校的学生还在路的两边种上了法国梧桐。

20世纪五六十年代的双桥子一到晚上基本漆黑一片，而双桥路的两边只有零零星星的一些宿舍和民居，还有几个荒坟隐藏在草丛里，就算是男职工也不敢晚上独行。“我那时晚上加班回宿舍，都不敢一个人走双桥路，一定会拽上一个同事一起走。”1961年进厂的一位老职工说，“背后只要有点风吹草动就害怕得很。”厂里陆续在双桥路上修建了厂俱乐部和医院、子弟校，双桥路才慢慢热闹起来。如今双桥路的两边有几百户商家，他们以经营干杂、百货、副食品、餐饮、服装业为主，尤其是晚上和节假日特别热闹，家家店铺都有不少顾客光临。

厂区就是全世界

“那个时候，我们厂就是一个小社会，什么都有，学校、幼儿园、医院、商店这些，连派出所都有，开玩笑地说，也就差没有火葬场了。”几乎每一个420厂的老职工都如此自豪地说，“对于我们而言，厂区就是全世界，日常生活我们基本都可以不用出厂区，啥都有！” 作为一家拥有成千上万名职工的企业，420厂和大多数国有企业一样，厂内设有食堂、幼儿园、子弟校、医院、商店等，各个部门俱全，可谓“衣食住行全都管，企业就是个小社会”。

厂俱乐部

双桥路上的420厂俱乐部，可谓20世纪七八十年代双桥子的地标建筑，不仅仅是厂里的人会自豪地说起它，就连附近居民的童年回忆里也有它的身影。双林中横路社区党委书记王辉1975年出生，正好也是420厂子弟，俱乐部的电影院给他留下了深刻的印象，“俱乐部跟那个胜利电影院一模一样，就是要大一些，仿的苏联风格，那几年看电影要排队买票，我还记得我很想看《霹雳舞》，差点买不到票。”出生在双桥子的老张是70后，他虽然不是厂子弟，小时候也常常跟着小伙伴偷偷溜进俱乐部，“那个灯光球场，好大哦，上面挂的灯特别亮，照得晚上跟白天一样，洋盘得很！”

为了丰富广大职工的业余文化生活，420厂在建厂初期便开始修建职工俱乐部，位置就在今天的双桥路聚乐苑附近。那时，学校还曾经号召同学们把宿舍区零散的砖头捡起来送到俱乐部的工地，“你一块，我一块，我们小孩子也要为420厂做贡献。”建成后的俱乐部是一个很大的四合院，由几栋红瓦青砖搭建的平房组成，设有大礼堂、图书室、棋牌室、乒乓球活动室、管乐队室等，在篮球场的后面还有一个简易的健身房，放置了一些简易的健身器械和拳击训练设备。

1977年3月，厂里将老俱乐部进行部分拆除，动工兴建新俱乐部，总面积达5901.88平方米（含以后增建面积），礼堂共有2142个座位，于1981年6月交付使用。①这是一座端庄恢宏的建筑，三四层楼高，以米色为主色调，显得气质典雅，在双桥子人的心里，“它在成都也是数一数二的，只比锦江大礼堂逊色一点儿”。职工家属常常来这里看厂里组织的各种文艺演出，还有单位之间的篮球比赛，这些丰富的娱乐生活尤其让“厂外”的居民们特别羡慕。俱乐部的电影院是对外开放的，一到放电影的时候，这里就会被挤得水泄不通，常常是一票难求。2001年左右，俱乐部被拆除，在这片土地上盖起了居民楼。

厂医院

说起以前厂医院内科主任马玉清医生，很多420厂的人都会竖起

① 成都发动机（集团）有限公司编：《成发五十年》，第226页。

大拇指，不仅是病人佩服她，连医院的工作人员个个都崇拜她。她曾经把无数病人从生死线上抢救过来。马医生从事医疗技术工作30余年，理论造诣深，临床经验丰富，抢救成活率达90%，早已成为成都较有名的内科医疗专家，能正确地解决内科的疑难杂症与重危病人的诊断和治疗问题，尤其对心血管病有较深的研究。敬业负责的她即便前一晚通宵抢救病人，第二天依然会准时上班。

420厂最初并没有医院，只是于1958年12月在双桥路19栋设立了一个卫生所，由来自沈阳410厂的医护人员李之义、张宗璞、徐昌兰、马玉清等人，以及水碾河的医护人员任殿玉、冷天义、刘可燕等人组成了最初的医护团队。为了提升医疗水平，厂医院后来历经三次改扩建，1960年新建苏式门诊楼，位于双桥路的中段，厂卫生所随之改名为“新都机械厂职工医院”；1972年自筹资金建三层住院楼；1980年兴建医技楼，担负着420厂职工、家属及驻地居民区、医疗合同单位近10万人的医疗预防、保健工作。[①]

那时，虽然医疗设备和药品都比较简陋，但是医生和护士个个都爱岗敬业，全身心地扑在医护工作上，常常加班却毫无怨言。成都人民广播电台曾以《这里是温暖的病员之家》对420厂医院进行了现场采访报道。当时厂医院还和四川省人民医院建立了长期的技术业务联系，如有疑难杂症，可以邀请省医院的专家前来会诊。厂医院改制以前，本厂职工看病是全免，家属的话则是半价，同时也对社会全面开放，解决了双桥子片区居民看病难的问题。1993年厂医院改制，更名

① 四川日报副刊部编：《航空航天工业部成都发动机公司医院》，载《天府求医之路》，四川科学技术出版社，1989年3月，第100页。

为“成都市新华人民医院”，由地方政府和企业共管，正式进入市场化运营。

厂食堂

“以前中午十二点的时候，每个食堂打菜的窗口都排好长的队，起码几十个人嘛。”李举亮对食堂的印象特别深刻，“那时很多家属也会来食堂吃饭。”为了解决职工和家属吃饭的问题，厂里分别在厂区和宿舍区修建了几个简陋的食堂。据资料记载，刚建厂时，食堂多达二十多个，后来就统一为一食堂、二食堂、三食堂、四食堂。

20世纪60年代，厂里每个月都会给职工分发饭票，每张饭票上面会注明日期和早中晚饭，比如“一号早”“一号午”，每个食堂的门口都安排了炊事员进行检票。在李举亮的回忆里，“早上就是两个馒头、一碗稀饭，稀饭嘛，就是你不要筷子都可以喝完的。中午米饭是三分钱的，大概三两，荤菜六分钱，素菜四分钱，一般一荤一素就可以吃饱。礼拜天就是两顿饭，早上九点开饭，下午五点开饭”。

厂福利科曾经每年都会组织四个食堂在二食堂门前的路上举办美食展。各个食堂都拿出自己的看家本事，纷纷把精心准备的食品连同厨具搬到这里摆展摊位，形成长长的食品一条街，香气、热气、人气，好不热闹。中午下班的职工和闻讯赶来的家属，都挤在这条路上来选购食品，一派热闹景象。

后来，除了厂内的一食堂，其他食堂都陆续被拆除。1982年底在厂门口，也就是以前二食堂的旁边新建了一个规模较大的食堂，称为

“大食堂”。大食堂的菜品花样繁多，除了准备日常餐食外，节假日还制作蛋糕、月饼等发给职工。那时，厂里职工过生日时，就会发一张蛋糕票，可以去大食堂领取一个生日蛋糕。

厂子弟校

“我们学校那时就挨着白庙子小学，可比他们好多了。我们学校是楼房呢！”刘敏跟随父母来到双桥子后，曾经在子弟校上小学，“不过，刚来时，我们上课还没有正式的教室，我们班的教室设在水碾河家属宿舍2栋一楼的一个房间，其他班的教室，有的设在水碾河单身宿舍，有的是在临时搭建的木板房。”后来厂里修了一栋三层楼的教学楼（位置在今列五中学双桥路校区），当时周围都是农田，当地农民纷纷说这是洋房。随着适龄儿童的增加，随后又在三街坊兴建了分校（位置在今双林小学）。

刚建厂时，厂里为提高职工的文化素养，成立了厂业余大学2个班共60名学员，中专9个班共399名学员，教授工人文化课和技术课，而教室则是与小学教室共用。那时各单位有计划、有组织地开办了脱产、半脱产或业余学习班中、小学共126个班，参加学习的有3668人。大家学习非常积极，好多工人一下班就直接到学校了，早早在教室门外等着。

20世纪70年代，由于在子弟校上学的孩子不断增加，学校出现了教室短缺的情况，有的班级不得不在室外露天上课，同时，桌椅也严重不足，很多学生上课都是自带“桌椅”。“我弟弟妹妹就经历过，大板凳当桌子，小板凳就当椅子。”刘敏回忆道，“那时家里的板凳就那么几张，所以放学还得把板凳带回来。每天上学路上都能看到同学们各种带板凳的姿势，有顶在头上的，有拿在手上的，还有系一根绳子挎在肩上的。”

厂子弟校随着改革开放的推进，逐步移交给成都市教育局，如今这里依然是学校，依然是一方育人的沃土。

新商店

原本只是农田的双桥子，面对一下子拥入的数千人，日常生活用品的供应成了一大难题。“那时就是买块豆腐，都得走五六里去东风大桥老城墙内的豆腐店呢。”刘敏因为是家里的老大，常常要帮父母买东西，“我常常挎着一个大竹筐，里面放两个大瓶子，一个装菜油，一个装酱油，要走到牛市口去买呢！”

后来，为了方便职工和家属的生活，经市贸易公司的同意和支持，厂里在57栋宿舍前的大院开设了一个商店，叫作“双桥商店”，设有百货店、酱油铺、糕点铺、干杂店、菜社和饭馆等，基本可以满足职工的生活用品需求。后来大院门口开始有卖牛奶的，人们都来打新鲜牛奶，久而久之这里就被人们叫作“牛奶大院”，成为420厂的地标建筑，那时好多人的收信地址都写着“牛奶大院××号××收”。后来为了方便职工家属购物，又在13栋单身宿舍旁新增一个规模更大一点的商店，里面还有照相馆和裁缝铺等。

那时，为了支持工矿企业的发展，政府对工矿贸易都有一定程度的照顾，有时市场商品供应严重不足时，专业公司允许带工矿企业的介绍信直接向市外采购，进购各种紧缺商品。为了适应厂矿职工的作息时间，每天开门营业均在十小时以上，如遇节假日和单位发工资，还要适当延长，并增设早晚服务部，尽量方便职工、家属昼夜都能买到所需的商品。[1]

修建三街坊宿舍区时，厂里将宿舍楼72栋的一楼规划为商店，取代了之前的57栋和13栋商店。1963年，为了加强工矿区的贸易工作，圣灯寺贸易公司收归市第二商业局领导，1964年，将420厂的72栋商店和黄田坝工区贸易公司并入，正式组建为成都市贸易公司。没多久，东风路北边（今家乐福双桥路对面，经华北路和水碾河交叉处）便修建了几栋二层楼的红砖建筑，叫作“成都市贸易公司双桥商场”，由于那时420厂宿舍区的商店都已撤销，其他地方也没有什么商店，人们习惯把这里叫作“新商店”。

新商店出售的商品从日用百货到副食品、从服装鞋帽到猪肉蔬菜，可谓琳琅满目，应有尽有，甚至还设有照相馆、理发店、新华书店和银行等，是双桥子当时的繁华地段，老百姓逛街购物的首选之地。孔祥富以前经常去逛新商店，“衣服、锅碗瓢盆都要去那里买，卖的东西比较齐全，质量也很好，特别耐用”。新商店的营业面积为2500平方米，分设百货、五金、针织、纺织、副食、服装鞋帽、猪肉等8个门市部，20个柜组，综合经营日用百货、副食品和农副土特产

① 成都市地方志编纂委员会编：《成都市志·商业志》，四川大学出版社，1996年9月，第215页。

品，花色品种达6000余个。[①]尤其是逢年过节，大家就带着各种票证来新商店，逛这一个店就可以把所有需要的年货备齐。后来，新商店被拆后，在原有的土地上修建了北京华联商厦。

火炬接力赛

20世纪七八十年代，420厂的元旦节有一个深受职工们欢迎的传统节目，那就是每年12月31日晚上[②]举办的迎新年火炬接力赛。参加接力赛的职工从厂一号门出发，一路经过水碾河成都饭店、四川工人日报社、双桥路厂俱乐部等，手持熊熊燃烧的火炬，照亮了沿途的马路。“我当年就参加过接力赛，好多不是我们厂的居民也来看，马路两边特别热闹！”孔祥富回想起自己的年轻时光，说道，“我们还去人民公园搞过划船比赛，把猛追湾游泳池包了两天搞游泳比赛。”

那时，厂里广泛开展多种形式的文娱体育活动，定期举办篮球、足球、排球、乒乓球和象棋、桥牌、田径比赛以及游泳运动会等，还有文艺调演、会演、歌咏比赛等，成立了管弦乐队、文艺演出队和十几个体育代表队，职工们的业余文化生活也因此变得丰富多彩，有滋有味。

---

① 成都市地方志编纂委员会编：《成都市志·商业志》，四川大学出版社，1996年9月，第219页。

② 关于火炬接力赛的举办日期，也有老职工回忆是1月1日白天举行。

浓浓的年味儿

在物资匮乏的年代，人们尤其盼望着过年，穿新衣、吃美食、放鞭炮、拜年等带来的喜悦和浓浓的年味，是值得等待一年的。和在东北时一样，大家喜欢在震耳欲聋的鞭炮声中进入农历新年。20世纪六七十年代，成都还没有多少地方卖鞭炮，好多人都是想办法从外地带回一些二踢脚、小鞭之类的鞭炮。

噼里啪啦地放完鞭炮，到了大年初一，天还没亮，家家户户就把大门打开，迎接前来拜年的邻居。那时拜年都是自发组织的，拜年的人由一个、两个、三个到逐渐形成队伍，大家走在一起就相互拜年，到处都是喜气洋洋、热热闹闹的景象。厂区由于东北人特别多，整个宿舍区都笼罩在浓浓的东北味拜年话中。

从大年三十到正月十五，厂里的大秧歌队都要四处表演，不仅在宿舍区，还会走到成都的闹市区去扭秧歌、踩高跷。有时就算是在吃饭，大人孩子都会放下碗筷，赶紧跑出来先看表演。“唢呐声声，锣鼓喧天，好一派热闹欢乐的场景哦！还有着我们浓浓的东北味儿！”

建厂初期，厂团委每年都在老俱乐部的院子组织春节游艺活动。一到春节，院子就布置得张灯结彩，非常漂亮。厂里会组织安排十几二十项节目，比如猜谜语、钓鱼、盲人摸鼻、套圈之类的，小孩子就三五成群结伴。那时虽然没有春晚可看，到俱乐部来参加游园活动也是一件让人高兴的事情。

无法遗忘的青春芳华

正如陈独秀在《新青年》的发刊词中写道：“青年如初春，如朝日，如百卉之萌动，如利刃之新发于硎，人生最可宝贵之时期也。”每个人的青春只有一次，它是一个人成长的黄金时期。在那个热火朝天建设祖国的年代，东郊有无数工人怀着一腔热血投身建设，他们在忘我的工作中脚踏实地，播下希望的种子，绽放出各自的青春芳华。

“那个时候生产任务很紧张，车间工人上班根本就没有早上八点上班、晚上六点下班的概念，一直干就是。晚上一般加班到一点半，跟着夜班的工人一起，也没有什么加班费，就是厂里发一张饭票，我们都把它叫作跃进饭票。但是我们都没有任何怨言。”李举亮1960年进420厂，当年工人们高涨的工作热情给他留下了深刻印象。当时厂里有一个口号“你追我赶”，虽然厂里规定是八点钟上班，可是工人们都特别积极，一般七点或者七点半就到厂里了，“你今天七点半来的，我明天一定要比你早，后来一个赶一个，最后赶到六点半就来上班了。”

1964年进厂的孔祥富还记得自己的孩子刚出生那几年的艰难日子。他和老婆都是420厂职工，每天都要加班，无法准点下班去幼儿园接孩子，再加上父母都在外地，也帮不了忙，“接不到孩子，老师也有意见嘛，小孩子就在教室里哭得一塌糊涂。”那时，他们一家三口挤在狭窄简陋的“干打垒”房间里，“连屋顶的红瓦都是我自己爬上去铺的，结果没铺好，有点漏，我又爬上去重新补的。”尽管生活条件如此窘迫，可是他依然任劳任怨地一心扑在厂里的工作上。

1977年底，刘敏从西北工业大学毕业后回到420厂，在27车间工艺室工作。“20世纪80年代，我有时会忙到24个小时都不回家，因为作为技术人员自己搞实验，必须要亲自跟着整，才能拿到第一手数据。”严谨认真的刘敏凭着年轻人的冲劲和钻劲，成了厂里的技术骨干，先后担任工艺室主任、技术科科长。

那时，每一位420厂的职工都非常有干劲，没有人去计较得失。在他们的心里，420厂就是自己的家，自己是厂里的主人，只有把自己的工作做好了，420厂才会变得更好。他们以非凡的毅力和无私奉献的精神，没日没夜地扎在工厂车间里，克服了诸多困难，有了不少工业创新和突破，用自己宝贵的青春年华塑造了420厂的青春焕发和辉煌业绩，也在420厂的成长和发展里实现了个人的人生价值。

我一生的骄傲都是在这里创造的

曾经担任过420厂厂长的段昌平于1963年8月毕业于北京航空学院，以“服从组织分配，到祖国最需要的地方去”为志愿，被分配到了成都420厂设计科总体室担任产品设计员，负责发动机的调试工作。这一待就是数十年，对于他而言，“我事业的巅峰、我一生的骄傲都是在这里创造的，在这里实现的”。[①]

在段昌平的自传《心芯相印：我与祖国的航空发动机及国有大型

① 段昌平：《心芯相印：我与祖国的航空发动机及国有大型企业》，航空工业出版社，2011年10月，第66页。

企业》里，他激情澎湃地回忆着自己在420厂度过的青春芳华，他在工厂里迎接千锤百炼，常常加班到深夜，却“乐在其中，越干越欢。能够尽力做好自己喜欢的事情就是最大的快乐。每当我看到一台台发动机在履历本上写上‘合格’两字时，喜悦之情溢于言表”。

> 尽管对于有关发动机的理论已经达到耳熟能详的地步，但对于发动机的结构却是知之甚少。在发动机厂工作，连工作对象的结构都不熟悉就基本上算是门外汉了，理论再熟悉也无疑是纸上谈兵，根本不能解决实际问题，甚至很多简单的工作都无从下手。我必须有效地利用一切可以利用的时间来弥补有关发动机结构知识的空白。白天一有空我就到资料室看资料，或躲在四楼楼顶平台上看有关发动机结构的书。晚上也都是在办公室看书学习，主要看结构说明书，看沈阳606所对某型发动机的设计文献，不断地看、反复地看，在此基础上还看了很多当时世界各型发动机结构的资料。我还经常去零部件加工车间和装配车间看产品结构，到陈列室看国内外其他发动机的结构，几乎到了废寝忘食的地步。[①]

段昌平曾回忆过1965年夏结婚时的生活情况，那时的他刚到420厂工作没两年，住在宿舍区“颇有名气”的无名高地，对于他而言，“在这里生活的三年中，虽然有辛酸、有苦楚，却也不乏快乐和幸福”。

① 段昌平：《心芯相印：我与祖国的航空发动机及国有大型企业》，航空工业出版社，2011年10月，第70页。

这个平房是原基建民工棚改造的职工探亲用的临时房，名叫“无名高地”。两头还好点，可以通风，也稍微宽敞一点。两大棚中间是一巷子，只有一米多宽，东西两边密密麻麻地被分成了很多小房间，一间住一户人家。窄窄的房檐下，家家户户都摆满了用来做饭的蜂窝煤炉子和蜂窝煤。一到下雨天，大家就甭想吃饭了，蜂窝煤被吹进房檐的雨水淋湿了，根本没办法生火，就算能够生火，在雨天煤烟也是无法散去，弥漫在整个巷子里，呛得大家眼泪直流，所以这时候一般是没人在家做饭的。

我们家就住在这个巷子西边的第四间。巷子这面是单砖墙，其余三面都是在竹篱笆上面糊上一层报纸，整体面积不到8平方米，正好放置一张上下单人床、一个双人床、一张既是书桌又是饭桌的桌子。尽管这里生活环境很差，但是两个人总算是有了自己的家，有了属于自己的小天地。在这里生活的三年中，虽然有辛酸、有苦楚，却也不乏快乐和幸福。

后来厂里计划改善职工住宿条件，划出空地，分给各下属单位进行“干打垒”建房。自己打土坯，工厂给木条和油毡纸盖平房，这样使住房条件有所改善，面积大了些，有十几平方米，房间也变得宽敞明亮，通风效果也变好了。另外还有一个小厨房，煤炉子再也不用放在房檐下了，更不用担心下雨天吃不上饭的问题。日子是越过越好了。①

① 段昌平：《心芯相印：我与祖国的航空发动机及国有大型企业》，航空工业出版社，2011年10月，第79页。

而那时，他们没有钱，也没有时间和精力去举办一场像模像样的婚礼，只是找单位借了一间房布置成新房，邀请几个各自的同学聚在一起吃点糖果而已。

> 我们是1965年夏结婚的。当时我在西安西北工业大学参加发动机设计工作年会，其间给显碧打电话，确定出差回来就结婚，这样就不用请假和耽误工作。显碧在成都做了些准备，她从单位临时借了一间房布置成新房，通知了在成都工作的高中和大学同学。约定结婚的当天因为我所坐车次晚点，下午才到达成都。当时显碧都没有一件像样的衣服，更别说礼服那种奢侈品了。借来的房间也只够摆上一张床和一张方桌，没有家具、电器，没有新被褥，连床单也是向显碧单位的同志借的。说是举行婚礼，其实就是邀请大家晚上在一起热闹热闹，让大家知道有这么回事，吃点糖果，就算是结婚了。第二天，我们照常上班。[①]

要是我不画下来，很多事情就会忘记了

“我的推文一更新，可多人给我留言呢，他们都说老刘你画得真像，那个大院、那个子弟校什么的，就是我们记忆中的样子。”刘敏七岁时跟着父母从东北来到成都双桥子，他从小读420厂子弟校，进420厂工作，住在宿舍区，今年六十七岁的他在双桥子差不多算是

① 段昌平：《心芯相印：我与祖国的航空发动机及国有大型企业》，航空工业出版社，2011年10月，第78页。

生活了一辈子，对于420厂有着无法割舍的情感，他在快要退休时，重新拿起画笔，将记忆中关于420厂的点点滴滴画了下来，发表在420厂报、《成都商报》等媒体，并且自己做了一个微信公众号“东北老刘”，以图文的形式不定时更新关于420厂的那些事儿。

刘敏其实小时候就喜欢画画涂鸦，上小学的时候，美术老师见他画得很好，还特意指导他画了一张明信片，“我现在都还清楚地记得，画了三条金鱼，长方形的纸，我还工工整整地写了三个字‘过年好’，其他时候我都是自己摸索着画”。下乡的他也坚持有空的时候就画铅笔画。只是后来从西北工业大学毕业之后，在厂里的工作特别忙，根本没有时间画画，直到2012年刘敏才又开始画画，“我没有受过什么专业学习，画得很随意，没有章法，反正觉得好玩就行”。

最开始，刘敏的这组老420厂的记忆系列画作只是刊登在420厂厂报上，画作一刊出就深受大家喜欢，后来又登载在厂里的局域网上，被更多的420厂人看到。那时，厂里的年轻人就建议刘敏使用微信，“我那时手机还是小手机，只能打电话和发短信，根本用不起微信。”没过多久，由于《成都商报》刊出了部分画作，加上各大网络媒体的转载，“刘师傅，您出名了！您的作品都上腾讯新闻了！”刘敏终于决定换部智能手机，开始使用微信，每隔一段时间他就会把画作配上相关的文字发在朋友圈里，这些共同的记忆引起了无数老职工的共鸣和怀念。为了方便图文的传播，刘敏开始有意识地整理素材，在女儿的指导和帮助下开通了微信公众号。

从《我的老家在东北》到《双桥路的变迁》《咱们的子弟校》《马棚、牛奶大院、无名高地》《说说咱们的新都机械厂俱乐部》

《电影机来了》……刘敏将当年的那些经典场景生动细致地展现在图文里，在那个相机并不普及的年代，人们并没留下多少照片，是刘敏的画作重现了那些只存在于人们记忆中的各个片段，而他的文字朴实无华，尤其接地气，真真切切记录了自己的亲身经历，很多人都热情地留言道："你真是个有心人，420厂过去那些事你又用这画、这话呈现在我们眼前！""在我的记忆中，当年的学校就是画上的模样，半个世纪过去了，仍历历在目！""你写得很好，请接着写下去，我是每期都在看呢。"

为了能够更好更准确地还原当年的老场景，退休后的刘敏到处搜集相关的史料，常常在宿舍区的小广场和老人们聊天，听他们讲当年的故事。"我有次碰到一个老太太在晒太阳，和她聊天才知道她曾是厂里保育院的保育员，她给我提供了关于好多保育院的情况呢。"微信公众号开通留言功能后，很多老人都在留言里补充自己关于420厂的回忆。还有不少老人看过420厂回忆系列文章后，多方托人联系到刘敏，有些和他一摆厂里的老事儿就是一整天。

"双桥子这边，哪栋老房子在哪个位置，我都清清楚楚地记得，那张地图就装在我的头脑里，我从小到大都是在这里长大的。我不晓得自己还会画多少，延续多少期，不过，这些对于我自己、我的父辈来说，都是一个纪念，要是我不画下来，很多事情就会忘记了。"其实，刘敏用画笔和文字记录下的不仅仅是自己的过往岁月，也是420厂那让人无法遗忘的青春芳华。

百年列五，立德树人

春风和煦，走在成都最美街道之一的双园巷，樱花灿烂，粉若云霞，两侧是以“家风家训”、“廉”文化和社会主义核心价值观等内容为主题的文化墙，营造出浪漫书香的氛围。路的那头，是一座以民国建筑风格为主的校园[①]，古雅而宁静。米黄色的校门简洁而不失厚重，金色的校名“列五中学”四字笔锋圆润而遒劲，两侧是学校建筑历史变迁的浮雕，优美地呈现了学校在教书育人的时间长河中一路走过的历程。坐落在广场上的学校创始人之一张列五雕塑身着戎装，目光犀利，眉宇间凝聚着一股飒爽英气，俨然不失当年蜀军都督的大将风范。

百年沧桑，自强不息。从举步维艰的初创，到几度沉浮、辗转迁徙的发展，再到唯实唯新、至诚致志的壮大腾飞，列五中学已经成长为一块充满生机活力、蓬勃发展、站在教育教学改革发展前列、引导教育新潮流的育人沃土。列五人希望可以自豪地告诉张列五先生，在他创立列五中学的一百多年后，列五在不断进步、发展和壮大。列五人坚信在大家的不懈努力下，在历史的沉淀上，列五这块教育的沃土定会继续生长出充满科学和人文精神的人才之林。

① 列五中学目前为两个校区，高中部位于双园巷9号，初中部位于马镇街8号。

十七个银圆办学堂

20世纪初，清政府为了缓和社会矛盾，不得不宣布实行“新政”，在教育制度上进行一系列改革，大力发展新式教育。光绪二十七年（1901），清政府明文规定将全国所有书院、义学改为学堂。光绪二十八年（1902）十月，四川总督岑春煊设立省学务处，督办全川学堂事宜，此后四川开始兴办新式学堂。作为四川地区的文化中心，成都理所当然地成为开办新式学堂的中心地带，也因此吸引了无数外地学子前来求学。

光绪三十年（1904），叙州府（今宜宾市）各县的学子们负笈求学来到成都，满心希望可以在这里接受朝气蓬勃的新式教育，却万万没想到求学无门，偌大一个成都并没有可以接收他们的学堂。当时高等学堂、法政学堂、将弁学堂等各学堂的学位已满，早就停止对外招生。听到这个消息后，正在四川高等学堂（今四川大学）读书的叙州府同乡和他们一样焦急难受，学弟们一路风尘仆仆却扑了个空，怎能辜负他们一腔求学的热忱。

心不甘的叙州学子聚在一起想办法，迫切地希望可以帮助学弟们实现求学的心愿。有同学提议道，听说有些州府的文人绅士也曾在省城专为本地学子办学堂，办学经费由州属各县来分担，要不我们也效仿一下？众人开始商议，难道要自己办一所专门供叙属学生读书的学堂吗？办学堂可不是小事儿，那需要一大笔办学费用呀！钱，从哪里来？同样都是寒门弟子，一说到钱，大家也是一筹莫展。

就在这时，来自富顺的王俭恒站起来提议道："那我们每个人省一个银圆，先租一间教室办起来！"当时在场的叙州府各县同学，来自宜宾的钟习之、陈奎五、濮子谦、赵庶宾，来自南溪的胡八俊，来自隆昌的陈本初、张列五、蔡雅南，来自兴文的谢蘅溪，来自富顺的王俭恒、杨泽溥、雷民心、何子端和李宗吾等十余人纷纷响应，一共凑出了十七个银圆的办学经费。可别小看这一个银圆，根据当时的物价，成都一个普通四口之家的花费，每个月也仅需七八个银圆，这区区一个银圆在当时可以购买四十斤左右大米。

这帮叙州学子为了省钱，租下了位于陕西街的节孝祠茶馆里面的一间小教室，教室虽然简陋，可为了名正言顺，他们拟校名为"叙府公立中学堂"，开始了艰辛的办学之路。由于办学经费少，请不起老师，便由尚在四川高等学堂读书的学长们轮流担任老师，将他们在高等学堂所学转授给学弟们。当时根本没有维持学校日常开支的经费，就连上课板书的粉笔，都只能由老师自己携带，可老师们依然没有一句怨言，他们倾情投入，只希望学弟们也可以坐在学堂里学到知识。

学堂刚刚成立，困难重重，正好廖绪初从宜宾来成都考察学务，住在四川高等学堂，众人便邀请这位老乡担当监学这一重任，全权主持校务。廖绪初二话没说，放弃了薪资高、待遇优的公职，欣然答应了这份没有薪水，还要自己负责饭菜的工作。

为了提高叙府公立中学堂的教学水平，廖绪初呕心沥血，鞠躬尽瘁，一心扑在学堂里。他虽然名为"监学"，其实身兼校长、教务、文牍、书记、会计、庶务数职，忙得团团转；长期在成都和宜宾两地奔波，厚着脸皮去叙府中学堂（今宜宾一中）要教具和标本，费尽口舌去母校四川高等学堂借仪器和设备；为了解决学校的“无米之炊”，他常常不得不把自己的大衣、帽子拿去典当，等有钱时再去赎回。

尽管时局混乱，生活动荡，这一切都让办学变得更加艰难，可这帮学子依然迎难而上，他们兢兢业业、不畏艰难的精神感动了叙属隆昌县举人郭书池，他自愿捐赠二百银圆作为校舍押金，并被拥为名誉校长，使这个新创的学堂有了立足之地；也感动了四川高等学堂总理（校长）胡峻，他首开先例，准许高等学堂学生轮流外出义务教育，不算缺席，解决了学堂缺乏师资的难题。

那最初看起来杯水车薪的十七个银圆，因为汇集了无数人的热血和激情，让“叙府公立中学堂”这粒小小的种子生根发芽、茁壮成长起来。试办一学期后，学校运行良好，大家商定正式建校并报请清政府备案，“叙府公立中学堂”终于正式挂牌招生了。

建校之初，叙府公立中学堂开办速成师范和普通高中各一班，为叙属地区培养小学师资和升学预备人才，主要招收叙府十三县范围内的学生，后来随着规模的增加，又将招生范围扩大到其他州县。

随着学校办学规模的扩大，所需要的经费也越来越多。1904年暑假，学校创始人张列五、陈本初、蔡雅南三人借回到家乡隆昌县之际筹集办学经费。因为家乡地处丘陵，也算不上富庶之地，三人虽然四处游说，仅募得三百两银子。等到年底放年假，来自富顺的同学又回家八方募捐，筹得三百两银子。1905年1月，学校迁至北巷子公馆，租了两间教室用于授课，条件比以前好了不少，而身为监学的廖绪初此时由学校负责伙食，但仍无薪水。

为了新学校的课程安排和解决办学经费这个老大难问题，廖绪初、张列五等人邀请东文学堂的邓奠坤、张智民、杨芷沅，军医学堂的王克成，武备学堂的曾鹏程等人，商量组建了“叙府旅省各县同乡会”，首推隆昌学子陈全性为会长。大家一致同意以同乡会名义筹集办学资金，主办学校事务。1905年8月，学校迁至大坝巷。同年，会长陈全性不幸病逝，为了不影响学校的正常运转，大家推举善于沟通的张列五担任会长，负责联络和筹集经费。

1906年，继任同乡会会长的张列五和廖绪初再次去叙属各县筹款，他们一路跋山涉水，风餐露宿，可惜由于当时人们对教育的重视度不够高，各县办学并不太积极，再加上叙属地区向来经济落后，两人说得口干舌燥，最后也只筹得一千多两银子。经大家共同商议之后，决定每年支付给廖绪初薪金白银一百两。同年，慷慨的郭书池来到成都，看到叙府公立中学堂的蓬勃发展，不由得感到欣慰，当即决定把自己在家乡隆昌兴办的知耻中学迁到成都，与叙府公立中学堂合并办学，并变卖田产换得三千银圆，一次性捐赠给学校，购买马镇街十四亩土地作为新校址。马镇街，得名于原来设在街中的马政司衙门，宋代茶马交易，该地是管理马政之地，宋、明时期称马务街、马政街，清代名为马镇街。[①]叙府公立中学堂终于有了一个足以长期稳定安身的地方。

① 吴世先主编：《成都城区街名通览》，成都出版社，1992年9月，第80页。

列五中学校名沿革与校址变迁

时 间	校 名	校 址
1904年	叙府公立中学堂	陕西街节孝祠茶馆
1905年1月	叙府公立中学堂	西门北巷子公馆
1905年8月	叙府公立中学堂	成都大坝巷
1906年	叙府公立中学堂	南门外杨遇春别墅
1907年	叙府公立中学堂	成都马镇街蓥华寺
1917年	叙州联合县立旅省中学堂	成都马镇街蓥华寺
1930年	叙属共立旅省中学	成都马镇街蓥华寺
1934年	叙属联立旅省初级中学	成都马镇街蓥华寺
1939年3月	四川省立华阳中学	崇宁县唐昌镇城隍庙
1944年	四川省立列五中学	崇宁县唐昌镇城隍庙
1946年3月	四川省立列五中学	成都马镇街蓥华寺
1950年	川西列五中学	成都马镇街蓥华寺
1952年	四川成都列五中学	成都马镇街蓥华寺
1953年	四川省成都第五中学	成都马镇街蓥华寺
1994年	四川省成都列五中学	成都马镇街蓥华寺
2002年	四川省成都列五中学	成都马镇街和双园巷

摘自《人文列五》

自强不息，其命维新

除了投身教育事业之外，学校创始人张列五、廖绪初、李宗吾等人也积极参与反帝反清的革命活动，1906年，他们相继加入由孙中山发起的中国同盟会。同年夏季，通过同乡会的认可，同盟会将在知耻中学任教的同盟会员黄金鳌委派到叙府公立中学堂担任“监学”（校长）。紧接着，同盟会员陈道循、郭书池先生长子郭蔚华等人也来到叙属中学，他们在任教的同时，宣传进步思想，发表进步言论，发展革命力量。

在辛亥保路运动时期，学校明确提出要把“性行端谨，英勇有为”的青年培养成为革命之主力。叙属中学先后加入同盟会的师生总数超过一百名，这里实际上成了当时四川省同盟会的秘密省级机关、革命中心、党人交通枢纽，或开会联络，或商计大事，还将武器弹药及机密文件藏在学校。学校还派出学生多名进入军官学堂学习军事，有十余名学生在“光复”初期胜任师团级军官。在辛亥革命时期，叙府公立中学堂师生以同盟会员为核心，联络高等学堂、通省师范学堂、武备学堂等师生进行革命活动。鉴于叙府公立中学堂对民主革命的贡献，其被人们誉为“辛亥革命四川策源地”。

在保路运动风起云涌之时，叙属中学再次陷入困境。因为革命需要，张列五担任重庆督军，长期在重庆领导革命，廖绪初赴川南任职，无力顾及学校，于是，所有的重担都落在了当时的监学王俭恒一人身上。为了筹集校款维系办学，王俭恒到叙属各县催收校款，却收效甚微，学校一度全靠教员义务苦苦支撑，还要借寒暑假回乡筹款。王俭恒、濮志和、雷昭仁等数次典当或变卖自己的私人物品，用以维持学校运行。学校早已负债累累，校务也因此废弛。

1912年，张列五任四川副都督，廖绪初担任四川审计次长，两人再次回到成都，眼看着自己亲手创办的学校在动荡和混乱中飘摇，他俩决心出力整顿学校，与教职员一起共同集资，赎回被典当的校产，重新振兴校务。同时，他俩公推四川大学创办者之一、时任四川省教育司长的长宁籍教育家沈与白为校长，特聘同盟会员、毕业于四川高等学堂的宜宾人李筱亭担任监学，邀请同样毕业于四川高等学堂的赖建侯担任校务。

学校开始慢慢恢复，只是谁都没有想到，打击竟然接二连三地到来。1912年底，袁世凯以咨询川政为名，电召张列五入京，实则是将他控制在北京。1915年2月，张列五被袁世凯诱捕，4月17日被害于北京宛平。之后，郭书池、廖绪初等学校创始人也相继去世。学校虽然几易校名，但仍坚持发扬创学初期坚忍不拔和自强不息的精神，在教师和有志之士的鼎力相助下，始终未曾停办。

1935年，为整合全省办学资源，扩大办学规模，培养更多的升学预备人才，同时，由于刘湘出任四川省政府主席，考虑到学校曾有过光荣的革命历史，决定将叙属联立旅省初级中学（即几经易名的叙府公立中学堂，以下简称叙属联中）由四川省政府改组统办，经费开支标准与其他省立中学相同，并聘请毕业于清华大学的李惟远担任学校校长。

李惟远博学多才，深谙教育之道，他于1931年获加利福尼亚大学教育学学士学位后，又前往斯坦福大学、哥伦比亚大学研究院攻读教育学。来到叙属联中之后，他施展拳脚，逐步改革，从整顿校风到改订规章制度，从修缮校舍到增加教学设备[①]，学校再次焕发生机，办学质量也逐渐提升，开始颇具一所省立学校的模样，并受到社会各界欢迎。为此，四川省教育厅还专门奖励叙属联中一套先进的教学仪器，以资鼓励。

1937年，学校集资修建了一座图书馆，为了纪念学校创始人郭书池先生当年的捐资办学之义举，特命名为“书池图书馆”。这是一座小小的、全砖头结构、带着玻璃窗的房子，可以说是学校当时最漂亮的建筑物。

1938年，为响应国民政府教育部《各级学校兼办社会教育办法》，把学校的教育事业推向社会，满足和带动社会民众对教育的需求，以期最大效用地利用有限的教育资源，促进社会进步，叙属联中也开始兼办社会教育，成立社会教育推行委员会，设“民众识字”“抗战宣传”“通俗讲演”“抗日壁报”等四组，经常走出校园，深入乡村院落，与人民大众打成一片。一时间，田间地角，随处可见叙属联中学子的生产实践身影；街头巷尾，随处可以听见他们激情洋溢的演讲。

正当学校的各项工作逐渐走上正轨时，日军的炸弹开始投向抗日战争的大后方成都，没日没夜地狂轰滥炸。为了确保师生安全，省教

---

① 汤茂如：《试验六年制中学一年后》，《中等教育季刊》1942年第1期。

育厅决定将城内学校逐步向周围郊区疏散，继续办学。1939年3月，叙属联中奉令从马镇街搬迁到距成都四十多公里的崇宁县唐昌镇（今郫都区唐昌镇），在一所废弃的城隍庙里开学上课。学校还没有安顿好，校长李惟远就奉调赴渝受训，直到1940年春，四川省实行中等学校划区制，李惟远才受调返回成都，可没多久又被调往乐山筹办省立师范，这让全校师生感觉校中没有领导，而学校再次陷入停顿之中，每个人都感到焦虑不安，于是发生了护校运动，而校务再次废弛。

1939年，国民政府第三次全国教育会议通过以升学准备为目的的六年一贯制中学，即将初、高中整合为一个统一的进程。为了落实这一决议，四川省教育厅选定叙属联中，将其作为推行六年一贯制教学的实验学校，移设华阳县，改名为“四川省立华阳中学”（以下简称省华中）。1940年春，四川省教育厅厅长郭有守因公赴渝请示，撰写《省立实验中学办法纲要草案》面请教育部主管司科指示意见。9月1日，省立教育科学馆副馆长汤茂如奉令到学校就职担任校长，计划将学术研究与实验工作相辅而行。学校行政上受教育厅督导，学术上受教育科学馆辅导。当时省华中还有旧生四班，9月10日，校长汤茂如在省立教育科学馆同事的协助下，严格考选新生两班。

城隍庙虽然已经破旧不堪，教育设施严重缺乏，在四川省教育厅的鼓励之下，再加上崇宁当地人士热心的合作与协助，师生们一起努力改造，使其逐渐适合教学的需要。老师们在抗日救亡精神的鼓舞下任劳任怨，学生们则以“天下兴亡，匹夫有责”的精神相互勉励，随时准备投笔从戎，为国出力。“捐躯赴国难，视死忽如归”，这是渗入列五学子骨髓的公勇报国的精神，也是代代相传的“列五精神”的精髓。

汤茂如不愧为平民教育家晏阳初所创乡村建设系学派的“四大金刚”之一，他提出本“公”“忠”之精神办学，立“诚”“敬”“和协”之校风。他的到来，提升了学校的办学理念，形成了省华中鲜明的办学特色，使学校一举成为全省最拔尖的中学校之一。1942年底，王崇阶继任省华中校长，对学校课程和学制推行了进一步改革，他坚持民主办学思想，任人唯贤，主张自由发展，把学校办成一所有灵魂、有思想、有精神的学校，使得学校风气为之大振，声誉为之远扬。

蔡章选于1942年秋考入省华中19班，在校学习的六年成为他人生一段难以忘记的美好时光。

> 学校在破庙里，生活艰苦，设备简陋。师生300多人全住校内，共同学习，一起生活，读书风气良好。起床号音一响，同学们立即起床，三三两两漫步在沟边、田间、操场上，手捧课本有的默诵、有的朗读。晚上自习，闪闪小油灯，全校一片寂静，都在认真复习或预习功课。每期小考（期中）、大考（期末），不论酷暑严寒，绝大多数同学在昏暗的油灯下，复习功课至深夜，更有甚者可以通宵达旦，同学称之为“开夜车”。每到课外活动时间，球场上、操场里，打球、赛跑、跳高、做器械运动，到处都在蹦蹦跳跳，一派生龙活虎的景象，好不热闹。[①]

① 蔡章选：《列五中学在崇宁》，载成都市政协文史学习委员会编《成都文史资料选编·教科文卫卷（上卷）科教艺苑》，四川人民出版社，2007年5月。

省华中时期，是列五中学一段独具风采的辉煌时光。当时学校聚集了一大批海内外名流：著名教育家叶圣陶、世界和平理事会副主席文幼章、著名教育家和作家李伏伽、著名作家和翻译家徐霞村、中共川西特委车耀先、外交家施谷等。这些教育精英的加入，为学校带来了先进的教育理念和方法，开阔了师生们的视野，提升了教育质量，为省华中的发展做出了极大的贡献。

1944年，为纪念先烈张列五，省临时参议会提议，省华中更名为“省立列五中学”。1947年，学校从崇宁县迁回马镇街6号。新中国成立后，学校又经几次更名，1994年正值九十周年校庆，学校已成为四川省首批重点中学，为了纪念张列五先生创建学校的伟业，弘扬列五中学“爱国益民”优良办学传统，校友会发出倡议，请求恢复“列五中学”校名，经成都市教委同意，学校再度更名为“四川省成都列五中学”。

列五中学在百年间几度沧桑，又几度辉煌，却始终没有忘记“教书育人”的初心。1940年11月，叶圣陶前往叙属联中视学，正好碰上学校三十六周年纪念，他亲自手写篆书“自彊不息，其命维新”以庆贺。这八个字，却正好概括了列五中学从创建一间简陋学堂到如今的四川省一级示范学校一路走来的艰辛与坚持。正是一代代列五人以自强不息的精神，经受了战火的洗礼和风雨的吹打，开拓创新，砥砺前行，以心血铸就了今天的列五校园，孕育了这方饱含文化底蕴的育人乐土。

大刀阔斧改革教育

学校，一直以来都是知识的摇篮，是培育先进文化、传播先进思想、传承人类精神文明的场所。历史上曾有一大批教育精英执掌列五中学，廖绪初、黄金鳌、雷昭仁、王俭恒、李惟远、汤茂如、王崇阶、漆瑶光等人，他们怀着对教育事业的热忱和草新的勇气，大刀阔斧地对学校进行了一系列改革整顿，使学校焕发生机，茁壮成长，而他们的思想无不影响着列五中学的办学理念和学校的发展，是一笔极其宝贵的精神财富，已成为如今列五文化重要的奠基石。

李惟远：我对校务和一切设施，全是以学生为中心的

李惟远，四川成都人，毕业于清华大学，于1931年获加利福尼亚大学教育学学士学位后，又前往斯坦福大学、哥伦比亚大学研究院攻读教育学，曾任国民政府教育部国际文化教育事业处第二科科长、四川大学讲师、四川私立建国中学教务主任等，1935—1940年担任叙属联中校长。

“四周墙垣或缺或倒，界址也不甚分明，房屋破旧不堪，任其倾败，当然也不敷应用，”这是李惟远第一次看到的叙属联中的模样，“全校竟只有一部戊种《辞源》是有用有价值的图书。理化仪器，则但见一堆破玻璃管之类而已。其他应用的桌椅床铺以及日常用具，也

是残缺得很。”[①]

如此简陋的办学条件让他倍感心酸，因此，他首先要解决的就是修缮校舍和增加教学设备。学校根据逐期增班的需要，向教育厅申请款项，经过几年的培修和添建，直到1939年才将学校校址四周的界限明确，修补好墙垣，新建了一座图书馆、一间教室、几间寝室、一间劳作室、一幢浴室，并培修或改建了其余校内建筑。

与此同时，在四川省教育厅的统筹分发，再加上学校几度专款购置之下，叙属联中终于有了图书一万一千余册，初中示范用的物理、化学、生物仪器标本各一套，劳作木工用具四十余套，童军露营炊事用具四套，以及其他体育、劳动服务等用具及设备。这些教学设备在李惟远的眼里是非常重要的，有了它们，“我们的教学才免于尽是纸上谈兵，学生的求知欲也才于课室以外，还有求满足的机会”[②]。

在尽可能地改善学校硬件的同时，办学有方的李惟远励精图治，逐步整顿校风、修订校规。对于学生而言，他完全是站在教育的立场，关怀着他们，他反复强调：“我对校务和一切设施，全是以学生为中心的。”[③]

在“教”的方面，李惟远有一个大原则，即学校中一切活动，任何课堂教学和课外活动，甚至校长与教师及校外人士间的来往应酬，都要留心，使他们对学生多产生一些教育的意义，至少不要给他们有坏的印象或影响。他希望借此能够使整个学校环境变成著名教育家杜

① 李惟远：《一个中学校长的回忆》，《中等教育季刊》1943年第5期。
② 李惟远：《一个中学校长的回忆》，《中等教育季刊》1943年第5期。
③ 李惟远：《一个中学校长的回忆》，《中等教育季刊》1943年第5期。

威所提倡的“经过选择的”优良的生活和学习环境，可以对学生施以潜移默化的教育作用。作为校长，李惟远就以身作则，他从来没有在学生面前吸过一支烟、随地吐过一口痰或出丑恶的骂声。

在“育”的方面，李惟远要求教职工对待学校的工作，无论上课做实验，还是解决学生纠纷，都要认真切实对待，不能敷衍了事。“许多没有成熟的青年住在学校，他们的教与育，他们的健康，他们的生活，甚至他们的生命，当然都由他们的家庭付托给我们了。我们自感责任的重大。”[①]李惟远平时都住在学校里，有时偶尔因故离开，心里总是放心不下学生，有一次他去省教育厅办事，听见防空警报响起，别人都忙着往新南门外躲避，他却赶紧跑回学校，直到看见学生已经顺利疏散，那颗悬着的心才放了下来。

在李惟远的带领下，叙属联中也吸引了许多品学兼优、负责尽职的国内外著名大学毕业生，他们中不少能说会道，性格活泼，上课亦庄亦谐，特别生动，深受学生喜欢，教学质量得到了显著的提升，而叙属联中的声誉也逐步树立起来。于是，那些最开始因为李惟远不是叙属人，而不愿意他担任校长的理事会成员们也慢慢认可了他。李惟远在离开叙属联中三年后回忆道：“办学完全是件精神事业，安慰往往在事后发现。”[②]

---

① 李惟远：《一个中学校长的回忆》，《中等教育季刊》1943年第5期。
② 李惟远：《一个中学校长的回忆》，《中等教育季刊》1943年第5期。。

汤茂如：本“公”“忠”之精神办学，树立“诚”“敬”而“和协”之校风

汤茂如，四川大竹县人，平民教育家。毕业于国立北京师范大学，获美国哥伦比亚大学教育学博士，曾任北京大学、北京师范大学、燕京大学教授，中华平民教育促进会总干事，福建省教育厅第一科科长，四川教育学馆副馆长等。随晏阳初在河北定县开展平民教育实验，是晏阳初创办乡村建设系学派的“四大金刚”之一。1941—1942年担任四川省立华阳中学校长。

留学归来后，汤茂如一直都以满腔热情实践着自己的教育梦想。作为省华中这所实验学校的首任校长，对于汤茂如来说，既是机遇也是挑战。当时教育的科学研究多集中在儿童教育领域，四川乃至全国都创设了不少实验小学，但中学教育的研究实验几乎是个空缺，这意味着省华中进行的实验将极为重要。可那时尚处国难时期，人力、物力都极其困难，校舍简陋、设施不足，并不具备实验的理想条件。不过，汤茂如还是决心要迎接这场考验，“教育工作本磨炼持久，任劳、忍苦之精神职业，故教育家于任何不安之生活状态中，仍须有百年树人之眼光，十年苦干之打算，且当抱愚公移山之决心，立继往开来之基础，此省立华中同仁，宜互相勉励者也”[①]。

鉴于抗战时疏散与崇宁的实际情形，汤茂如以沉稳而踏实的工作作风，采取稳健步骤，“因陋就简，以最经济之办法，如何研究实

① 汤茂如：《四川省立华阳中学之起源旨趣与教育方针》，《中等教育季刊》1941年第3期。

验，改造破旧之环境，运用简要之设备，以谋教学之改进”[①]，确定了在崇宁分校时的教育方针，同时也展望了今后迁回成都本校之后，研究实验条件将更为充实和丰厚，拟定了迁华阳本校时的教育方针。

来到崇宁后不久，汤茂如首先整顿校风，他提出，本“公”“忠”之精神办学，一面整理，一面改进，使新旧师生于潜移默化中，树立“诚”“敬”而“和协”之校风。由此可见，他的办学思想是把关注人的精神品质培养放到学校教育的首位，他关注的 “人”，不仅仅局限于学生，而是放眼于学校师生群体的发展与“和协”[②]。

在教学方面，省华中制定和实行了不少改进措施：学校增设学科研究室，研究如何改进各科教材教学；要求教师运用简单设备，指导学生读书方法，实施自修辅导、问题讨论、设计活动等新教学法，以培养学生的求知兴趣和自学能力；鼓励学生做各科听讲笔记与读书简记，借以练习求学的基本技能；强制学生参加各种体育活动，以养成爱好体育的习惯；实施农工生产教育，以改进旧日游玩性质的劳作课程，养成学生有农工的身手。为了引起学生的读书兴趣，培养读书习惯，学校为每班准备了一个巡回图书箱，经各班学生组织图书委员会，自行保管。箱内装有中西字典、词典，以及各科参考书籍和课外读物等，由保管人员向学校图书室借阅。[③]

---

① 汤茂如：《四川省立华阳中学之起源旨趣与教育方针》，《中等教育季刊》1941年第3期。

② 陈龙泉、蔡菲、刘洁兰：《以“公”“忠”精神，“诚”“敬”品质，养“和协”校风：教育家汤茂如、王崇阶在成都列五中学期间的办学理念及实践探讨》，《亚太教育》2014年第3期。

③ 汤茂如：《试验六年制中学一年后》，《中等教育季刊》1942年第1期。

▲ 列五中学高中部，是一个以民国建筑风格为主的校园，古雅而宁静。　列五中学供图

“生活即教育”，这既是省华中的教育理念，又是办学特色之一。汤茂如十分重视学生的日常生活，将文明礼貌教育渗透到学生生活的方方面面。汤茂如刚来学校时，明显感受到新旧学生的精神态度颇为复杂，不少学生还未尽脱玩嬉的习性。他动员全体教员，切实施行导师制，要求师生共同生活，导师以父母爱护子女之心，教导学生，使学校生活家庭化，教学活动社会化；严厉施行童军管理，积极纠正浮嚣、颓废、迟缓、懒散的积习，而培养严肃、迅速、整齐、清洁的习惯；奖励童军活动，提高学生的服务与合作精神，帮助其了解社会，认识生活，并练习处人做事的方法；要求教员注重学生的健康，除实施体育、卫生、童军等训练外，尤注意学生的衣食住行及一切日常生活，以增进心身之健康；主张课外活动与学科训练并重，使

其与社教推行、抗战宣传和教学活动密切联系，促进学生知行合一，培养其自治与组织能力；重视礼节与美术音乐，以陶冶学生的品性。

当时，作为抗战大后方的成都，因为有不少大学和中学内迁，这里聚集了一大批精英知识分子，汤茂如坚持因材任用，审慎延聘教师，礼贤下士，吸引了不少海内外名师。他以开放的心胸、民主思想和人文理念，创造了一个宽松和谐的校园环境，当时学校教师中既有西装革履的留洋博士，也有长袍马褂的中文学究，还有金发碧眼的外籍教授，各种文化在这里相互融合，相得益彰。那时物价高涨，许多教师虽然生活窘迫，却依然凭着对教育的热爱，怀抱无限希望留在省华中任教，他们之中有不少人主动放弃大学教授或者讲师，或者牺牲了其他待遇优厚的职位。

尽管时局动荡，深受人力、物力的限制，省华中实施改进一年之后，实验依然小有所成，让汤茂如也倍感欣慰，“在此整个国家民族遭遇生死关头之际，一切有利条件，实为可遇而不可求者，而教育工作之推动，又势不可缓，此校同仁亦惟埋头苦干，于无法中自找办法，于困难中寻求实效而已”[①]。在教学效果上，仅就基本学科（国、英）而论，新生较之该校旧制学生，已得一倍以上之效率；在校风方面，学生之前那些懒散等不良积习，均在短期内得到纠正，而新的严肃、迅速、整齐、清洁等习惯已渐次养成，而主动、努力向上之兴趣，亦随之得以引发；学生爱好体育之风已形成，欣赏音乐、美术、戏剧的兴趣已引起，劳动服务、吃苦耐劳之精神和好学向上与服

① 汤茂如：《试验六年制中学一年后》，《中等教育季刊》1942年第1期。

务教师之品德，皆有显著之进步。[①]

汤茂如校长的这些主张，不仅奠基了实验的基本理论，而且成为列五中学以后发展的重要理论与实践基石，列五中学今天的办学理念、管理制度、办学特色无不打上这一烙印。[②]

王崇阶：坚持民主办学，办成一所有灵魂的学校

王崇阶，四川井研县人，毕业于国立北平师范大学，曾任四川省政府教育厅统计室主任、省教育科学馆特约专委等。1942—1949年担任四川省立华阳中学校长。

在学生的眼里，王崇阶是一位“主张严格管理学校，培养学生的读书风气，思想自由发展，让学生走自己的路”[③]的校长。身为校长，王崇阶坚持民主办学，倡导师生共同生活。他深知想要办好一所学校，单靠一个人的智慧、才干和精力是不够的。“泰山不择土壤，河流容纳细流，做校长的也要虚怀若谷、博采众议，只有这样，才能调动大家的积极性，集中大家的智慧，同心同德，群策群力，才能把事情办好，把问题解决好。”[④]

---

① 汤茂如：《试验六年制中学一年后》，《中等教育季刊》1942年第1期。

② 陈龙泉、蔡菲、刘洁兰：《以“公”“忠”精神，“诚”“敬”品质，养“和协”校风：教育家汤茂如、王崇阶在成都列五中学期间的办学理念及实践探讨》，《亚太教育》2014年第3期。

③ 蔡章选：《列五中学在崇宁》，载成都市政协文史学习委员会编《成都文史资料选编·教科文卫卷（上卷）科教艺苑》，四川人民出版社，2007年5月。

④ 王崇阶：《我们怎样办列五中学》，载成都市政协文史学习委员会编《成都文史资料选编·教科文卫卷（上卷）科教艺苑》，四川人民出版社，2007年5月。

他深受美国教育家杜威的影响，杜威曾说过：“你只能牵马到水边，却不能强迫马饮水。”他希望老师对学生的思想多启发、诱导、帮助、教育，少束缚、控制、强迫、压抑，要让学生自由选择，自由发展。学生在课外时间可以自由阅读进步报刊，科研小组也是根据学生的意愿来决定是否参加。当时学校还成立了“列五学会”，“砥砺学行，联络友谊，发扬列五革命精神”，对发展文化、宣传革命、促进列五中学的发展都起了积极作用。

好教师是学校的宝贵财富。王崇阶任人唯贤，不徇私情，对于只要学有专长、教学有方的优秀教师，不管曾参加过什么党派，都兼容并包，他热诚地招纳各方贤才，不断地加强学校的人文与科学底蕴。在他主持校务期间，每期结束之前，教务主任贾承天会找不同同学谈话，征求他们对教师的意见，并结合学校平时的考察，共同商量续聘哪些教师。当时学校荟萃一大批优秀人才，其中不乏革命志士。民盟成员王阶平、贾承天和共产党员李伏伽先后担任训育主任，刘俊达、马力可、游怀志、刘令门、徐霞村、龙志霍等党内外志士曾执鞭授课。

同时，王崇阶根据在实验“六年一贯制”中出现的问题，进行了两大改革。一是调整课程。学校根据教育部颁布的要旨，要求各学科平衡发展，但在实际中，各大专院校在招生时都有所偏重，多选拔“专才”，而不录取“通才”。据此，学校从四年级开始，根据学生的能力和兴趣分为文、理两组进行教学，文组增加国文、英文课时，减少数理化课时；理组增加数理化课时，减少国文、英文课时，这也是省内首次实行文理分科教学；同时减少公民课时，取消博物课，将地质大意和矿物教材并为一科，将图画和音乐改为选修，学生可以任选一科；到六年级时，停止军训；除中、英、数三科在六年中继续上课外，其他少数学科必须在五年级结束，六年级做总复习，并成立升学指导委员会，辅助学生升入大专学校。①

二是改革学制。“六年一贯制”在实行过程中，出现了许多地方不适合学生发展，比如少数学生由于家庭经济情况发生变化，不能继续读下去，要求获得一份初中毕业证书；又有的学生成绩优良想跳级，要求发一张肄业证书，以同等学力资格投考高中，如此等等。为此学校经省教育厅批准，将学制改为“三三制”，分初、高中两部教学。这些改革在当时可谓力度颇大，充分展现了王崇阶开拓革新的魄力和学校勇于改革的精神。

为了培养学生的兴趣、爱好及探索精神，学校每学期从第二周开始成立科研小组，有国文、英文、数学、理化、生物、美术、劳作、时事、戏剧等小组，学生可以自愿报名参加，学校指定专业教师进行辅导。一般每两周开一次会，由师生共同研究讨论计划和实施步骤。其中以时事、戏剧两组参加的人最多，戏剧研究小组最活跃。学校每学期都会邀请教育科学馆专门委员蒋益明来学校向时事研究小组做两三次报告，帮助同学提升分析问题、看待问题的能力。

兴趣，往往是学习最直接和持久的内部动力，很多学生因为科研小组找到自己感兴趣的方向，便有了穷追不舍的好奇，在探究中体会到了学习的快乐。1946年校庆，在任致嵘老师的带领下，由戏剧研究小组负责演出吴祖光编写的大型剧目《风雪夜归人》，演出效果非常

① 王崇阶：《我们怎样办列五中学》，载成都市政协文史学习委员会编《成都文史资料选编·教科文卫卷（上卷）科教艺苑》，四川人民出版社，2007年5月。

好。还有很多学生的作品参加美术展览。1946年，四川省举办学生美术展览，学生周传玺等三人展出十余件作品，全为优秀创作。

王崇阶常常想方设法邀请各科学者专家到学校演讲，以此在学校营造出一种良好的学术氛围。燕京大学教授、鲁迅的好友孙伏园曾经两次到学校讲述鲁迅生平、思想及其著作问题；金陵大学文学院院长蔡乐和同学们分享学习心理问题；在美国在日本投下了两颗原子弹后不久，王崇阶便邀请华西大学一位副教授来讲原子弹问题。

罗曼·罗兰说过："教育是没有代用品的，每一代都对自己，及对后世负有保护、发扬、传递其文化的责任。"正是心怀这种神圣的责任感，王崇阶积极采取了一系列的兴校举措，在全校师生的努力下，办学条件大大改善，教师队伍得到进一步优化，教学质量进一步提升，把学校办成了一所有灵魂、有思想、有精神的学校，让身处逆境中的省华中重新茁壮成长，成为名校之一。

列五历任校长一览表

学校名称	姓　名	任职时间	说　明
叙府公立中学堂	廖绪初	1904–1905	监学
叙府公立中学堂	郭书池	1905–1905	名誉校长
叙府公立中学堂	黄金鳌	1906–不详	监学
叙府公立中学堂	李汉三	不详	监学
叙府公立中学堂	王俭恒	不详	监学
叙府公立中学堂	郭万清	不详	监学
叙府公立中学堂	雷民心	不详	监学
叙属联立中学	沈与白	1911–1913	未专任

学校名称	姓　名	任职时间	说　明
叙属联立中学	李筱亭	1911–1913	监学
叙州联合县立旅省中学	赖建侯	1917–不详	校长
叙州联合县立旅省中学	蔡泽中	不详	校长
叙州联合县立旅省中学	高启间	不详	校长
叙州联合县立旅省中学	杨哲兴	不详	校长
叙州联合县立旅省中学	周镛	不详	不详
叙州联合县立旅省中学	黄席珍	不详	不详
叙州联合县立旅省中学	谢恰幸	不详	校长
叙属共立旅省中学	不详	1930–不详	不详
叙属联立旅省初级中学	谢家吉	1934–1935	校长
叙属联立旅省初级中学	李惟远	1935–1940	校长
省立华阳中学	汤茂如	1941–1942	校长
省立华阳中学	王崇阶	1942–1949	校长
川西列五中学	杨群零	1950–1952	校长
成都市第五中学	漆瑶光	1953–1968	校长
成都市第五中学	胡润清	1968–1978	革委会主任
成都市第五中学	于跃	1971–1973	管委会主任
成都市第五中学	杨文斗	1978–1989	校长
成都市第五中学	易婉	1989–1995	校长
成都列五中学	王惕安	1996–1997	校长
成都列五中学	朱齐庄	1997–2004	校长
成都列五中学	吴光平	2004至今	校长
原双林中学	王明胜	1992–1995	校长
原双林中学	侯德基	1992–2002	校长

摘自《百年名校 多彩列五——成都列五中学办学掠影》

百年树人，薪火相传

百年列五，历经风云变幻的历史锤炼，曾经九易其名，十迁校址，但它开启民智、传承文化的血脉却得以坚守下来，薪火相传。这一切都离不开那一批批敬业爱生、乐于奉献的教师，也离不开那些勤奋好学、朝气蓬勃的莘莘学子，他们如一颗颗璀璨的星辰，辉映照耀着列五中学那广阔深邃的夜空。

叶圣陶

叶圣陶（1894—1988），原名叶绍钧，字秉臣、圣陶，江苏苏州吴县人，现代作家、教育家、文学出版家、社会活动家，有“优秀的语言艺术家”之称。

“讨论者为六年一贯制中学之各科时间支配问题，皆能发抒意见，不似他处开会之枯燥，从知汤君本学期所聘教师之得人。”[①]这是1940年11月21日，叶圣陶参加省立华阳中学全校教师讨论会之后的感受。那时他在四川省教育科学馆任专门委员，准备通过调查成都崇宁、彭县、灌县、郫县四县中学的语文教学情况，以针对语文教学提出一些改进意见。

① 叶圣陶：《成都近县视学日记》，节选自曾智中、尤德彦编《文化人视野中的老成都》，四川文艺出版社，1999年12月。

叶圣陶曾兼任省华中语文教育和文科部主任。在校期间参加教研活动，召集全体文科教师，国文教师唐世芳、庄维石、席大年，史地教师胡慧雨等人，就课程展开讨论；在学生座谈会上发表了题为《学习国文之方法》的精彩演讲，大家聚精会神听了一个半小时的演讲，深受教益。他教学务实，认真批改作业，尽管他的苏州普通话成都人听起来很吃力，但他讲课时精神矍铄、神采飞扬的状态，再加上深厚的学问根基和精湛的教学技艺，给师生们留下了深刻印象。

叶圣陶教育思想的精髓，就是先做人，养习惯，强调“自得”，教是为了不教。它以中国教育改革实践为逻辑起点，在探索和回答中国教育改革实际问题中，精辟、独到地揭示了中国现代教育基本原理；在总结和提炼中国教育改革实践经验中，发展、创新了中国现代教育教学理论。叶圣陶的教育思想，对中国特色现代教育理论做出了具有独创性、系统性的重要贡献，也为列五中学后期发展奠定了思想基础。[①]

文幼章

文幼章（James Gareth Endicott，1899—1993），出身于加拿大籍传教士家庭，出生于乐山，毕业于多伦多大学。曾任国民政府“新生活运动”政治顾问，先后在华西协合大学、省立华阳中学任教，创造文氏英语“直接教学法”。1959年被选为世界和平学会第一会长，

① 吴光平主编：《人文列五》，列五中学内部资料，第368页。

1965年被授予弗雷德里克·约里奥·居里金质奖，同年被中国人民对外友好协会授予“人民友好使者”称号。

1927年夏天，文幼章曾到东京英语教学研究所拜访“英语直接教学法”的创始人哈罗德·E.帕默尔，之后，他便成了这种教学法的热心推广者。英语直接教学法，是一种基于听说以学习第二语言的理论，他要求学生要像幼儿学习母语那样，先听、观察和模仿说话，从而直接学会快速阅读和准确写作。文幼章和妻子文月华还一起编写了一些简易英语读物，比如《瑞士鲁滨逊一家》《罗拉·杜恩》《莫比·狄克》等。

汤茂如在省华中担任校长时，也盛情邀请文幼章前来担任学校英文部主任，在中学推广英语直接教学法。学生们喜欢文幼章的课，尤其是他那动人的语言和丰富的表情对学生有很大吸引力，况且他还为学生在课堂上准备了许多精美图画、表册、实物等教学辅助用品。当时，省华中英语教学特色鲜明，质量一流，这就得益于留美教师居多，文幼章教学方法独特。[①]

施谷

施谷（1911—1988），原名施宏浩，四川泸州人。毕业于清华大学外语系，和著名作家、诗人何其芳同班。1944年秋任省立华阳中学英文教师，次年任训育主任。新中国成立后，先后担任驻苏联、叙利

① 吴光平主编：《人文列五》，列五中学内部资料，第368页。

亚、埃及、塔桑尼亚大使馆一等秘书、总领事和参赞等职务。1954年代表国家出席日内瓦会议。

1944年秋天，施谷来到省华中教授外语，他对自己的工作投入了全部的热忱，兢兢业业，不辞辛劳，很快就在全校师生心目中树立起威信，第二年他就担任了学校训育主任。在他教过的学生眼里，“他的身上充分体现了‘导师以父母爱护子女之心，教导学生，使学校家庭化，教学社会化’的办学思想，对学生影响很大。”[①]相比那些喜欢用强制、高压、体罚等手段管理学生的老师，施谷选择让学生自治，民主选举学生自治会主席，自己管理自己。他对学生态度和蔼，经常和同学谈心，身体力行，与大家打成一片。

在校期间，施谷和学校共产党员、民盟成员教师一起，通过各种活动宣传抗战，揭露国民党的腐败，在学生中秘密传播革命火种。在英文课上，他以法国灭亡为主题的课文《最后一课》启发同学们的抗日救国思想；热情指导学生办壁报，对办得好的《光和热》《雷与电》，还亲自撰写稿件；组织爱好文艺的同学排演话剧《镀金》《画家》《风雪夜妇人》《放下你的鞭子》；举办纪念鲁迅的文艺晚会，讨论鲁迅作品，朗诵诗歌；开展以时事政治为题材的讲演比赛，组织歌咏队大唱革命歌曲。他启迪同学们树立正确的人生观，转变一些同学对国家前途悲观、消极的思想。在他的影响下，部分师生先后订阅了《新华日报》《群众》《世界知识》等进步报刊，开始阅读《大众哲学》和鲁迅著作。1988年得知施谷病逝的消息，列五中学和天叙中

① 蔡章选：《列五中学在崇宁》，载成都市政协文史学习委员会编《成都文史资料选编·教科文卫卷（上卷）科教艺苑》，四川人民出版社，2007年5月。

学的师生们主动集资撰稿，出版纪念他的文集，深切地怀念、哀悼敬爱的施老师。[①]

任致嵘

任致嵘（1901—1980），作曲家、音乐教育家。1925年毕业于燕京大学教育系音乐组，1930年任北平民国大学音乐讲师，1933年任河北定县中华平民教育促进会农村音乐研究员。他对音乐教材教具和乐器进行了精心深入的研究和改革，他创制的简易弹拨乐器被命名为“抗战琴”，学生几乎人手一把。

任致嵘曾两度到省华中担任音乐教师，当时的校长王崇阶对他也赞赏有加，“特别是任老师对开展课外活动（做出了）很多贡献”[②]。音乐课上，他采用“视唱练耳”的教学法，教授学生识谱作曲的基本知识，并要求学生在课堂上进行谱曲练习，作业要及时交给老师批改。课堂上，他除了教唱国内外名曲（大多都是抗战和进步歌曲）之外，还常常插讲世界各国著名音乐家逸事。为了营造良好的艺术氛围，提升学生的音乐水平，他还尽力邀请省立艺术专科学校音乐系的名教授来学校表演，每月举行一次文娱晚会、歌咏比赛、唱片欣赏会。为了唤起学生的民族自豪感和爱国意识，他平时还会组织同学

① 蔡章选：《列五中学在崇宁》，载成都市政协文史学习委员会编《成都文史资料选编·教科文卫卷（上卷）科教艺苑》，四川人民出版社，2007年5月。

② 王崇阶：《我们怎样办列五中学》，载成都市政协文史学习委员会编《成都文史资料选编·教科文卫卷（上卷）科教艺苑》，四川人民出版社，2007年5月。

去中国艺术剧院看话剧《棠棣之花》《清官秘史》《屠夫》等；将爱好音乐的同学组织起来成立歌咏队，大唱革命歌曲。[①]

周炳琨

周炳琨，激光与光电子科学与技术专家，1936年生，1956年毕业于清华大学无线电系并留校任教。中国科学院院士、第三世界科学院院士、中国光学学会理事长等。

周炳琨出身于成都一个知识分子家庭，父亲是一位律师。1948年，他以优异的成绩考入省立列五中学读初中。在学校的三年时间里，他几乎把自己所有的精力都用到学习上。1950年，由于家境并不富裕，父亲已经无力供养其读书和生活，正好大哥应聘去鞍山工作，刚刚初中毕业的周炳琨想出去闯闯，锻炼自己独立生活的能力，便跟着大哥一起出发了。在鞍山第一中学读高中时，他都是自己管自己，独立生活，独立思考，这让他锻炼出了很强的独立生活和学习的能力。[②]

十七岁，周炳琨考入清华大学无线电系；二十四岁，他将研究方向改为激光；四十三岁，他再次调整了自己的研究方向，转向信息光电子学这一新领域；四十七岁，他赴美国斯坦福大学做访问学者，

① 蔡章选：《列五中学在崇宁》，载成都市政协文史学习委员会编《成都文史资料选编·教科文卫卷（上卷）科教艺苑》，四川人民出版社，2007年5月。

② 周炳琨：《我的成长道路上的机遇和选择》，载吴剑平主编《清华名师谈治学育人》，清华大学出版社，2003年4月，第263页。

在国际上率先研制出高效率、长寿命、窄线宽、频率稳定的“半导体激光泵浦固体激光器”，从而开辟了固体激光器的新领域。斯坦福大学想聘他为第一位中国大陆的访问教授，但周炳琨婉言谢绝了，他只有一个信念：“我的事业在中国”，并于1984年回国。20世纪80年代以后，周炳琨带领同事和学生们在信息光电子学领域取得了一系列成果，包括晶体纤维生长及晶纤器件研究、光纤放大器、波分复用和时分复用光通信技术等。

“回忆自己的成长历程，我深深感激那些发现和培育了我的‘伯乐’。我深知当‘伯乐’很不容易，但争取当‘伯乐’却成了我现在的主要愿望。”[①]四十多年来，周炳琨培养了几百名本科生、博士生和博士后，他不仅是一位有事业心、有才能的科学家，还是一位深受学生爱戴的好教师。他讲课思路清晰，内容精辟，富有启发性，特别引人入胜，极大地激发了学生们的学习热情和创新精神。

李月

李月（1980—2008），祖籍辽宁省开原市，生于四川成都，2003年毕业于陆军航空兵学院，被授予上尉军衔，原成都军区某陆航团三级飞行员。在执行“5·12”汶川特大地震抗震救灾任务中，因直升机失事不幸遇难，牺牲时年仅二十八岁，被原成都军区追记一等功。

“记忆中，他是一个腼腆的大男孩，学习成绩非常优秀。”李

① 周炳琨：《我的成长道路上的机遇和选择》，载吴剑平主编《清华名师谈治学育人》，清华大学出版社，2003年4月，第263页。

月是列五中学高99级学生，高中部王颖平曾是他的语文老师，“整个班上，李月是最能让人放心的学生、最勤奋踏实的学生。”在王老师的记忆中，他平时话不多，对老师和同学都很友善，害羞的笑容时常挂在脸上，态度谦恭，从不与人争执。虽然招飞成功，但李月还是坚持留在班里和其他同学一起上课。踏踏实实学习，认认真真做事，这就是李月身上最宝贵的品质。

2008年5月31日下午，原成都军区抗震救灾部队一架米–171运输直升机在执行运送第三军医大学防疫专家到理县的任务返回途中，在汶川县映秀镇附近因局部气候变化，突遇低云大雾和强气流，于14时56分失事，机上人员全部遇难，李月当时为机组副驾驶。

李月是主动请求执行这次飞行任务的。就在失事前，他与战友们分别执行了11个和44个架次救灾任务，不仅承担着副驾驶的职责，而且要照顾伤员、观察地形，每一次飞行结束，都疲劳得倒头就睡。无论是否有飞行任务，他每晚都要抽出时间“做功课”，研究灾区地图和飞行线路，选择适合的空投点等。在他看来，“作为一名飞行员，就得时刻准备飞行”。

2018年5月11日，抗震救灾英雄李月烈士雕像在列五中学落成。整个雕像高2.3米，雕像上的李月身穿空军制服，手握飞行员头盔，凝望着远方，背景为岩石，寓意李月的灵魂融入山川。从李月的身上，我们感受到了“公勇诚朴”的列五校训，他的事迹震撼我们的心灵，是广大列五学子的榜样。①

① 《李月，魂兮归来》专题报道，《列五人》2018年第6期。

人人都有舞台，个个都能精彩

一百年栉风沐雨，一百年春华秋实。2002年，列五中学与成都市双林中学合并。2009年，由成华区政府牵头，整合区内教育资源（公办学校），成立成都列五中学教育集团，同年成为成都市首批优质教育集团。如今，列五的精神面貌依然英姿飒爽，列五承载的文化依然无比厚重。今天的列五中学秉承“公勇诚朴”校训，发扬“爱国益民”传统，在“先做人后做学问，在做学问中学会做人”和“人人都有舞台，个个都能精彩”的育人理念引领下，与时俱进、团结勤奋、开拓进取，以其深厚的文化积淀、先进的办学理念、以人为本的科学管理、勤奋务实的教学队伍、优良的校风学风、科学的教育教学质量、鲜明的办学特色，成为誉满巴蜀的省内一流名校。学校先后获得“全国现代教育技术实验学校”“全国培养体育后备人才试点学校”“四川省重点中学”“四川省实验教学示范学校”等殊荣。

校长吴光平坚定地说：“我们始终认为，每一个孩子都是祖国的未来建设者，都有享受平等教育的权利，学校给每一个孩子提供成长的机会，才是真正公平教育和均衡教育。学校倡导‘人人都有舞台，个个都能精彩’，从课程设置、课堂改革、社团活动等方面，尽量给每一个学生提供平等发展的机会，搭建了和谐发展的平台。”

▲ “人人都有舞台，个个都能精彩”是列五中学一贯坚持的育人理念 列五中学供图

做人在先，立德树人

作为辛亥革命四川策源地之一，列五中学在百余年的办学历程中，始终高擎“立德树人”旗帜，全面贯彻党的教育方针，坚持“育人为本、德育为先”，以“爱国益民”为传统，以“公勇诚朴”为校训，秉持“先做人后做学问，在做学问中学会做人”的育人理念，全面实施“做人教育为核心的素质教育”，努力培养德智体美全面发展的社会主义建设者和接班人。在长期的德育实践中，列五中学始终立足理念先行、思想引领，科学规划，精细化管理、序列化实施，重在

落实，持之以恒，走上了一条独具特色的立德树人、特色兴校之路。

2006年初，列五中学毕业生曾美娟一举夺得当年维多利亚世界环球小姐中国四川赛区冠军，轰动一时。在接受记者采访时，曾美娟动情地说，当年她踏进列五中学的第一课，便是学校对他们进行的“先做人后做学问”的教育。那堂课给她留下了很深的印象。后来，她一直把这句话奉为自己的座右铭。在列五的几年学习生活中，她学会了认真地对待身边的每一件事情，宽容地对待身边的每一个人，这让她在此后的成长中受益匪浅。

列五中学坚持“人人都是德育工作者”的理念，不断完善德育机制，创新育人方式，丰富德育活动，从日常工作和学科课程中，挖掘育人元素，通过“抓反复、反复抓”，不断渗透，形成“事事育人、时时育人、处处育人”的德育常态，促进学生全面、和谐、主动和健康发展。

为了充分发挥老师言教为先、身教为范、以身作则的作用，列五中学继承了学校创始于20世纪40年代的班导师制这一优良传统，坚持班导师持证上岗，要求班导师“引导学生做人、指导学生学习、疏导学生心理、教导学生生活”，力求成为学生“良好品德的塑造者、科学知识的传播者、丰富智慧的启迪者、灵活思维的点拨者、健康心理的疏导者、高尚行为的引领者”[①]。

“感谢胡老师这一年来对我的关爱、教育和批评，感谢您并不放弃我。当我犯错时，是您包容了我；当我懒惰时，是您监督了

① 吴光平主编：《人文列五》，列五中学内部资料，第269页。

我……”这是初中部胡飞老师在他的办公桌上收到的一张小纸条，来自由他担任班导师班级的学生小畹（化名）。胡老师看着这张纸条，倍感欣慰。

小畹是一个聪明外向，喜欢阅读小说，也喜欢高谈阔论，还爱打扮自己的女生，却经常迟到、晚自习旷课、不按时完成作业、不取考试成绩。老师一批评她，就找各种理由搪塞，为自己找借口。而胡老师则特别有耐心，不断地提醒和督促她，启发她学会反思，去深刻认识自己究竟错在哪里，而小畹始终认为小节无害。

直到有一次小畹严重违纪，受到了胡老师的严厉批评：“你平时爱慕虚荣，常提超过自身家庭条件的要求，还学社会上的那一套，拉帮结派，自己犯了法都不知道，这就是平时不严格要求自己、不从根源上认识自己错误的必然结果。”这一次的批评小畹听进去了，之后各方面表现都有了进步，学习成绩也有了提升。正是因为有了班导师胡老师及时了解学生状况，关心学生生活，才能及时发现学生的问题，帮助和促进学生的健康成长。

德育是实施素质教育的核心，列五中学坚持“全员育人、全程育人、注重基础、注重常规”的德育工作方针，创新育人模式，努力提高德育工作的针对性和有效性，改变了传统德育主要停留在认知层面的模式，充分激发情感意志等心理因素的作用，实现外在的教育与激发受教育者内在德行成长需要的整合，做到知情意行的和谐统一。通过优化人文环境，营造和谐育人氛围；创新育人机制，构建和谐德育格局；拓展德育路径，开展特色德育活动等多方面内容开展德育工作。

这些深入扎实、灵活多样、不断创新的德育工作，结出了丰硕的果实：列五中学每年为高等院校输送大批优秀生源，高中部每年都有班级被评为“省级优秀班集体”和“市优秀班集体”，每年涌现二至三名省级三好学生、优秀学生干部，数名教师被评为省、市德育先进工作者和模范班主任，列五中学先后获得省、市“校风示范学校”“精神文明单位标兵”等荣誉称号。

艺体见长，精彩缤纷

2016年2月14日，座无虚席的美国纽约林肯中心大卫·格芬音乐厅，伴着四川特有的非遗文化——剪纸、皮影、川剧变脸的背景和优美的民族乐曲伴奏音乐，列五中学学生身穿汉服，将师生共同创作的反映川西古镇风土人情的撕刻画作品徐徐展开，引起了全场观众阵阵雷鸣般的掌声。

一张旧卡纸撕去表皮之后的肌理和色调，正好适合体现成都古城镇和风俗文化的内涵与魅力。这些朴素又典雅的作品，表达了孩子们热爱自然、热爱生活、热爱祖国优秀传统文化的强烈感情。学生们的精彩展示，将全场观众带入中国传统文化的意境当中，极大地增强了学生们弘扬中国民族传统艺术文化的自信心与自豪感。

这是第六届文化中国·中国非物质文化遗产美国行暨第四届百花迎春·美国林肯中心星光盛典，来自中美两国的艺术家和学生艺术团体为纽约观众献上了一场精彩的演出，列五中学还获得了本次活动“第四届美国林肯国际校园艺术节金奖”。而前一天，他们还在联合国总部参加了“第四届星光校园文化中国·中国非物质遗产展演”活动，为联合国及各国嘉宾表演中国传统的撕刻纸版画艺术，嘉宾们对撕刻画作品也都赞不绝口。

作为四川省艺术特色示范学校，列五中学的美术教育在近年已走在成都市的前列。学校自主研发的撕刻画，这一将传统民间剪纸艺术手段和传统木刻手法结合起来形成的特色突出的绘画艺术，经过非物质文化遗产校园传承研究的探索推动，发展成为全国独一无二的一类美术教学形式。他们致力于中国传统文化的研究和实践，为培养具有民族情怀的世界公民奠定了坚实的基础。

艺体教育，曾经在很多学校中都是一个被忽略的角落。其实，它不仅可以拓宽学生的视野，陶冶情操，强健体魄，还可以激活学生的创造思维，培养阳光自信的生活态度、坚忍不拔的意志品质和乐群合作的精神，有效地促进学生的个性发展和全面发展，同时对学生形成正确的人生观、价值观具有十分重要的意义。而学生们从艺术和体育活动中收获的高雅气质、审美眼光、丰富的想象力和表现力、健康体魄等，都会让他们受用一生。

早在20世纪40年代，校长汤茂如就极其重视学生体育和艺术方面的发展，他曾提出“强制学生参加各种体育活动，以养成爱好体育之习惯”，“注意礼节练习及美术、音乐、戏剧等高尚娱乐，以陶冶学生品行”。[①]

今天的列五中学继承了学校重视艺体教育的传统，将“艺体见

① 汤茂如：《试验六年制中学一年后》，《中等教育季刊》1942年第1期。

长”打造成学校的办学特色之一，成立了体育俱乐部和艺术中心，开展各项艺体活动，为学生搭建活动平台。学校足球、篮球、排球活动频繁，尤其是足球队，多次代表国家征战世界，取得优异成绩；跆拳道队、棋艺队成绩斐然，多次获得集体和单项冠军，培养了西部象棋特级大师郑惟桐；银杏少女合唱团、民乐队多次赴海内外表演，“列五之春新年音乐会”精彩纷呈……学校今后还将进一步加大力度，整合艺体教育资源，全面提升艺体教育水平，将扬长与普及有机结合，面向全体学生，促进学生身心健康和谐，推动学校特色化发展。

多元出口，和谐发展

21世纪初期，随着新经济时代的到来，未来人才观念也有了新变化，人才的多样化和个性化，要求在全面发展的基础上促进学生的个性化发展，坚持因材施教，分层推进，多元发展。列五中学正是通过建设多元课程体系、创新人才培养模式、形成多元评价机制、探索创新后备人才培养机制等手段，建设了多元出口、和谐发展的教育格局。

为了全力推进素质教育，列五中学积极开发多元化校本课程，着力构建具有本校特色的校本课程体系，以满足学生全面而有个性发展的学习需要。学校先后开发实施研究性学习、中学生礼仪、人生规划课程、“非遗”与传统文化课程等三十多门校本课程，这些课程除了普通高中必修课程外，还包括知识拓展类、职业技能类、兴趣特长类、社会实践类课程，并配套相应的选课制度、学分制度、弹性学时制度和评价制度，让学生做到有选择、有个性地学习，为他们的全面发展、个性发展和终身发展奠定坚实基础。

在列五高中部，每个高一、高二学生的课表都不一样。原来，学校为促进学生的综合发展，特别开设了“中学生与法”“十字绣”“彬彬有礼”“中国乡村民居”等九十门校内选修课，供学生们自由选课，学生可根据选择走班听课。

在国家基础课程校本化、地方课程拓展化、校本课程活动化、课程管理数字化的过程中，一直注重科学发展、敢于探索的列五中学建构了“学、教、练、测、评”课堂资助学习模式，使课堂结构更加开放、人文和生态，学生的个性差异、主体地位、学习权利、自主发展权利都得到了充分尊重。

把课堂真正还给学生，把时间还给学生，已成为列五中学教师们的共识。比如初中数学课堂学习“三角形及三边”时，老师首先在屏幕上播放多媒体课件，展示了欧洲风味的屋顶、埃及金字塔、飞机、央视大楼、分子结构等图片，要求学生从中找到熟悉的图形，这样从身边的生活切入，很好地激发了学生的求知欲，由此进入三角形的世界就不会觉得枯燥无味。在接下来的组内独立学习、小组协作探究、“兵教兵”生生互动等环节里，教师是学习活动的引导者，而学生才是学习的主人。教师负责组织课堂教学、引导学生自主思考完成探索，学生们纷纷你问我答、你说我议、你争我论，这是对传统课堂“老师一言堂”的一次颠覆。相对于以前课堂上教师的喋喋不休、学生的昏昏欲睡，这样的生态课堂更加充满生机、富有乐趣，点燃了学生智慧的火花。很多学生都说，在这样的课堂里，他们可以自己动手，可以和同学一起合作学习，可以与老师交流，这让他们真正体验到了学习的乐趣、参与的乐趣、积累的乐趣、合作的乐趣。

列五中学在统一教学要求的同时，关注学生学习兴趣、不同特点和个性差异，注重因材施教，发展每一个学生的优势潜能。避免援用一个标准要求所有的学生，针对每一个学生的实际情况实施教育，让每一个学生都能在自己的基础上不断提高，真正体现以人为本。学校改变学习方式，倡导自主、合作和探究式学习，探索分层教学、走班制、导师制等多种教学形式，形成适应不同学生特点、灵活多样的教学组织形式和管理制度。

“在列五中学充实的日子，是我一生中难以忘怀的记忆。”2017年考入清华大学美术学院的赵婧特别喜欢学校独特的教育方式，“老师们不会死板教条地教书，课堂的气氛很活跃。老师们会真正地发现学生们的问题，用一些轻松快乐的方式来帮助学生解决难题。”

如今多元、开放、富有活力的课程，已经为每一个列五学子搭建起人生舞台。近年来，列五中学不仅出现过成都市高考状元，学校还培养了一大批全面发展的优秀学生，比如守卫祖国蓝天的中国人民解放军王牌飞行员蒋佳翼、曾效力四川冠城等队的中国著名足球运动员谭望嵩、中国象棋新生代的代表人物郑惟桐、为天文学奋斗一生的留美青年科学家朱照寰……在列五中学，每一个学生都有自己的舞台，每一个学生都能收获属于自己的精彩。

发展一小步，幸福一大步

20世纪80年代以来，随着政府大力推进城市化进程，加大城市建设力度，双桥子的楼房和商店越来越多，道路越来越平坦宽敞，不管是物质层面还是精神层面，人们的生活水平都从方方面面得到了极大的提升，可谓城市发展的一小步，人们幸福生活的一大步。

从20世纪80年代成都的时尚地标成都饭店到陪伴东郊人春夏秋冬的新华公园，从以美育人的成华小学到智能信息化技术打造的智慧社区……双桥子这些让人眼花缭乱的新变化，让很多老双桥子人舍不得离开这里，又吸引了很多外地人来到这里定居生活。

新鸿社区：从老旧院落到智慧社区

“靠近门口的一个井盖松动了。”新鸿社区党委书记蔡丽的手机响起一阵提示音，她赶紧和社区志愿者一起赶到手机显示的位置进行处理。今年六十五岁的吴智德在新鸿社区住了近三十年，他曾在骑自行车时因为撞上开了缝的井盖而摔倒过。如今新鸿社区的每个井盖都装上了监测芯片，一有问题就会上传到“守望新鸿”社区发展信息化系统平台，由网格员及时处理。

作为全国第一个以“邻里守望”社区发展治理信息化为支撑的老旧社区，新鸿社区开启“智慧”的不仅仅是井盖，从为单元楼装上智慧门禁，通过“守望新鸿”随时更新居民路面停车位状态，到设置烟雾燃气智能感应、进行消火压力报警；从在线监测社区老人健康动态、一键呼叫社区书记等工作人员，到居民线上反映问题，第一时间得到处理，智能的信息化技术不仅让老旧设施升级之后继续发挥作用，也让社区人与人之间的关系更加紧密了。胡大爷是老新鸿人，女儿曾想把他接出去享享清福，可胡大爷留恋新鸿社区的人情味，“我可不愿意搬走，一走出家门，到处都在喊胡大爷、胡大爷的，家家户户都认得到”。

邻里守望，社区就是我的家

城乡社区是社会的基本单元，是人民群众安居乐业的幸福家园，是创新社会治理的基础平台。改革开放四十多年来，随着社会结构加速转型、城镇化进程深化推进，人口流动性加剧，基于居住地选择的社区邻里关系逐步取代计划经济时代“单位制”熟人社会，不同背景、不同职业的人聚集在同一个社区，陌生人社区已经成为城市社区的主要形态，传统意义的认同感和归属感的形成基础正在逐步瓦解。

新鸿社区是一个建于20世纪80年代末的小区，地处成华区中心区域，面积0.25平方公里，有67栋居民楼，居民1.1万人，是一个人口密度较大、网管设施老化的纯居民老旧住宅小区。那时小区没有专业的物业公司管理，治安、卫生、垃圾处置费收取、管道疏通等日常管理均由社区负责。“我们新鸿社区的居民组成比较复杂，有原来各个单位的宿舍，也有安置房，大家相互都不认识，特别容易各自抱团，只管自家门前雪。”蔡丽已经积极奋斗在社区工作一线十多年，有着丰富的社区治理经验。

这个小区以前给人们的印象是：小区内路面坑坑洼洼，地域狭小，规划无序，到处都是脏乱差挤。蔡丽于2010年开始担任新鸿社区党委书记，她坦言刚接手时常常睡不着觉，“居民遇事就直接找社区反映，耗时长、解决慢。但是社区问题如果一直没有得到解决，矛盾就会像‘滚雪球’一样，长此下去，会造成恶性循环”。

为切实发挥社区居民自治作用，保障社区居民参与社区公共事务治理的权利，实现社区居民自我管理、自我教育、自我服务、自我监督，新鸿社区开始推行居民自治机制，“我们就是想通过居民自己在社区当家做主调动起大家的积极性，让他们更有主人翁意识，而且居民自身才最了解自己的需求。大家共同努力建成的美好家园，居民才会倍加珍惜，他们对社区的认同感和归属感自然也就提升了”。

蔡丽带着社区工作人员，和居民一起探索居民自治。2010年4月28日，新鸿社区以院落为单位，开始成立自治小组，通过入户宣传政策，召开坝坝会、党员会，成立党小组，通过居民推荐、组织推荐、自荐等方式，提出居民自治候选小组组长、最后由居民自己选择组长人选。最初只有8个小组（1个小组3个人），后来其他院落的居民看到自治小组带来的变化，也纷纷成立自治小组，发展到今天已有25个社区自治小组。

“本周我发动大院居民群众对楼道间的杂物、丢弃物进行清理，通过大家一周时间的努力，楼道间已经没有杂物，变得宽敞多了。经过这件事，居民认识到居民自治小组确实在为大家办实事、办好事，也改变了一部分人对自治小组的看法。”这是新鸿社区15、16号院落的自治小组组长杨建蓉写的一篇工作日记。杨建蓉在当选小组负责人后，从配合修建花台、道路维修等院落施工，到解决邻里纠纷，每一件事情都亲力亲为。居民们都说：“以前有矛盾找社区，现在不出院落就能解决矛盾了。”

自治小组发展到后期，也出现了一些问题，由于自治小组一个人要管理好几栋楼的事务，处理起来很容易顾此失彼。“只有让更多的人参与到社区治理中，才能尽量消除居民的抵触心理”。2015年，新鸿社区推出了“邻里守望，大爱新鸿”的社区整治模式，利用守望员机制，扩大居民参与的规模，使居民的参与更加常态化，促进邻里关系更加和谐，增强楼栋居民的归属感。居民群众可以通过社区招募或者主动报名的方式成为守望员，守望员是住在本楼栋本单元的住户，首批守望员一共20人，都是自愿报名、乐于为本单元服务的人。

每个守望员都有一本社区日记和一个iPad，以便全面地了解、及时处理社区事情，他们每月至少进门入户一次。38栋的刘姐一直都是个热心肠的人，她毫不犹豫地报名当了守望员。这个单元的租户比较多，以前居民之间很少交流，在刘姐的带领下，大家很快都成了朋友，经常相互串门，邻里关系和睦了，矛盾自然也就少了。

“有时候，邻里间有些小摩擦，假如让社区直接出面调解的话，很多人会觉得社区在‘管’我，而我并不服这个‘管’，但让守望员刘姐出面的话，住户们反而觉得这是邻居间善意的提醒，也更加容易接受。”新鸿社区主任陈浩解释道，“有了守望员，连院落里堆积的杂物也有了监管人员，我们的守望员是院落里的住户，一旦发现杂物就可以立刻跟社区联系并及时清理，这大大改善了居民们的生活环境。”

从居民自治小组到“邻里守望”，新鸿社区不仅是院落环境得到了改善，路面平整、角落整洁、绿树环绕，更重要的是整个社区的氛围变了，处处都是暖意浓浓：邻里之间常常嘘寒问暖、相互帮助；社区要是有点什么事，个个都争着搭把手；每个人都以社区为家，每个人都以社区为荣。

守望新鸿，老旧社区过上“智慧”生活

2017年7月，成华区确定新鸿社区为“老旧社区智慧化建设试点项目”。2018年5月，通过与中国电信成都分公司、四川创新社会发展与管理研究院等单位合作，“守望新鸿”社区发展治理信息化系统平台正式上线。

“守望新鸿”创新了社区O2O机制，将线上平台和线下资源充分整合。其中，线上部分包括“守望新鸿”App、社区网页、“守望新鸿”社区综合信息系统平台、大联动·微治理App等；线下部分则包括邻里义工汇、党员义工队、社区网格员、社工、草根社团、邻里中心等资源。

在“守望新鸿”App端口，居民可通过手机满足在小区内寻找停车位、远程开门、生活链接、积分管理等生活需求，并且对社区高龄老人健康状况有了更加到位的在线检测。停车难一直是老旧社区的突出问题，新鸿社区在“守望新鸿”里建立了智慧停车系统，每天下午四点半到七点半，车辆中心的工作人员通过定点巡查，收集并推送社区各个院落、道路空置车位情况。“以前院里居民因为停车而吵架的情况时有发生，现在有据可依，还能引导大家有序停车，减少了不少矛盾。”居民们切实感受到“守望新鸿”给社区带来的改变。

作为社区守望员，吴智德经常通过“守望新鸿”App上报社区存在的各种问题，比如小区哪个角落发现垃圾，或者哪个下水道有点堵，而网格员会及时前往问题地段核实，并与社区义工现场进行处理，同时还会将处理情况反馈给守望员，守望员可以对处置情况进行

评价并获得相应积分。看着自己一点一滴的努力也在促进着社区的改变，吴智德开心地说："以前那些停车难题、消防隐患、邻里纠纷，都得到了很大的改善，社区真的是越变越好了！"

由于路面狭窄，消防车很难开进院落，新鸿社区与专业消防机构合作，改造院落内的消防设施，安装了配备电子芯片的高压灭火水枪。居民们也自发组织成立了"院落119"社团，经过专业消防人员的培训后，他们负责社区内的消防安全。有一年国庆节期间，86号院的一位居民临时出去买东西，忘记燃气灶上还炖着汤，幸好邻居看到厨房里飘出的浓烟，及时上报了危险信息。"院落119"成员们赶紧到达现场，就近取出高压水枪，扑灭了大火。

为了调动居民参与社区事务的积极性，新鸿社区成立了义工汇党支部，统领社区守望小分队、守问小分队、保洁小分队、维修小分队等14个草根社团，共有1300余名义工，居民在线上反映的问题，都会第一时间得到处理。"以前当义工的基本都是些退休老人，现在好多年轻人也主动加入了！"蔡丽欣慰地介绍道，"我们还专门腾出一间办公室作为邻里中心，由义工们轮流值守。"

在信息化融合服务的助力下，新鸿社区的居民们过上了幸福美好的"智慧"生活。"我们希望打造一个有温度、有人情味的社区发展信息化系统平台。"在蔡丽看来，信息化其实只是手段，"在新时代它可以更好地促进居民参与自治，我们的社区建设仍然要以居民为中心，发动更多的居民参与，让社区治理更有温度，这样才能实现社区的可持续发展。"

成都饭店：20世纪80年代成都的时尚地标

蓝天白云下的水碾河路十字路口，锃亮银白的圆环上是一男一女的青年电焊工雕像，精神抖擞的他们与环绕四周的葳蕤草木相互辉映，雕像的背后则是成都当时的地标性建筑——成都饭店。20世纪80年代，不管是外地游客，还是成都本地人，都喜欢专程来到这里，以此为背景拍一张照片作为纪念。

雕像名为“建设者”，以青年电焊工的形象代表了千千万万新成都的建设者，1985年由任义伯设计并指导施工，之后因市政建设被迁至成都工业文明博物馆前。而1984年开业的成都饭店，在历经无数辉煌之后于2012年在爆破中化为烟尘。得知成都饭店即将爆破的消息后，很多老成都纷纷赶到水碾河，告别那个曾经给他们留下了无数珍贵回忆的成都饭店。

记忆中全成都最“港”的饭店

“那个时候成都饭店里面有电梯，好洋盘哦！我们小学的时候很喜欢约到同学一路去坐电梯耍，不停地上上下下，惹得保安都来赶我们了！”

“我外婆以前就住在水碾河，我每个周末都要过去，我哥就带起我去成都饭店耍，那是我第一次坐电梯哦！激动惨了！”

成都的高层房屋建筑，始建于20世纪70年代末，而位于蜀都大道东段一环路与水碾河交叉口的成都饭店，主楼高13层，是当时成都市内第一幢宾馆高层建筑。截至1990年，全市10层以上的高层建筑才64幢。[①]为了方便宾客轻松到达各楼层，成都饭店在主楼安装了4部由乘客自己操作的自动电梯，速度为2.5米/秒。当时，电梯这个新潮玩意儿在身处内陆的成都并不多见，自然引起了无数人，尤其是孩子们的好奇。

作为20世纪80年代的地标建筑，人们都用“港得很”来形容成都饭店。饭店占地1.5万平方米，主楼呈一字型，剪力墙结构，全长50.4米，宽17.4米，层高3.3米，总高50.4米。建筑结构简洁，造型高低结合，平面布局为U形三合院，外墙采用清新的天蓝色，与天际相衬。最有特色的是在临街南面设大片阳台，每间竖板相隔，横粗竖细线条交织，使其立面丰富，极具韵律感。[②]成都饭店整体气势恢宏，端庄典雅，在当时附近还只是一片片平房的水碾河，它就像一个魁梧的巨人，显得尤其突出。

除了“身高”优势以外，成都饭店的配套设施更是让人们感叹“港得很”。1984年成都饭店正式营业，系成都市政府招待所；1986年成为涉外旅游宾馆；为满足中外宾客的服务需求于1986年底开始全面改建，1987年5月重新开业时，已达到现代化国际旅游饭店水平；

① 成都市建筑志编纂委员会编：《中华人民共和国地方志·四川省·成都市建筑志》，中国建筑工业出版社，1994年9月，第174页。

② 成都市建筑志编纂委员会编：《中华人民共和国地方志·四川省·成都市建筑志》，中国建筑工业出版社，1994年9月，第89页。

1992年，成为当时西南地区首家四星级饭店。

客房，是一个宾馆最主要的功能空间。成都饭店拥有标准房、套房及豪华房共310间，走进宽敞舒适的客房，每一间都干净整洁、典雅华贵。中央空调为宾客营造了一个温度宜人、空气清新的环境，房间里装有当时并不多见的闭路电视、程控电话、音响系统、电冰箱等电器，以及国际标准的卫生间、现代化消防系统，使每一位入住宾客都能充分感受方便、舒适、安全。①

成都饭店的餐食服务丰富多彩，品种齐全，当时各种类型的大小餐厅就有13个，其中大型豪华宴会厅芙蓉厅可供500人同时进餐，中型宴会厅银杏厅能容纳100人左右，是当年很多大中型酒会、会议、婚礼的首选之地。小餐厅为了突出四川特色，特意借四川旅游名胜地青城、峨眉、九寨、望江、草堂、桂湖而命名，很多宾客都说在这里吃川菜有种亲临名山胜地的情趣。每日宾客盈门的“成都食街”以经营四川名特小吃、腌卤制品而闻名省内外，宾客都愿意将其作为伴手礼带回去送给亲朋好友，让四川的味道传播到世界各地。

同时，为了满足外国宾客的饮食要求，方便本地人体验西方饮食文化，成都饭店特聘上海锦江饭店曾为英国女王主厨的西餐特级厨师为技艺指导，在紧依庭院池塘、环境优雅的兰香阁西餐厅提供精致的各式西餐。

那时候，很多人路过水碾河时都会特意走到成都饭店门口，以无比羡慕和好奇的眼神透过玻璃看里面的人来人往。“不要说在成都饭

① 《成都年鉴》编辑部编：《成都年鉴1988》，成都出版社，1989年7月，第395页。

店办婚礼，就是吃个饭，都不得了得很，可以拿出去吹很久！”老双桥子人唐大妈回忆起当年的成都饭店，“我有个同事屋头好有钱，就在成都饭店办的婚礼，八几年的时候哦，说是洋盘得很！”80后晓君说自己小时候最大的梦想就是去成都饭店吃顿饭，结果等她长大了，自己挣钱有能力了，可成都饭店已经不在了。

袁庭栋曾在1984年秋天，陪同从北京返乡的川籍著名学者、烹饪史专家王利器教授到成都饭店尝新，那次宴席由成都饭店名厨师长、曾于1980年作为第一批川菜厨师赴美国纽约荣乐园川菜馆任主厨的胡先华亲自操刀，饭后王教授欣然挥笔：“制作工艺好，上菜衔接好，菜肴滋味好，服务态度好。”袁庭栋、吴红极其详细地记录了那次宴席的精彩菜品，让我们得以小窥成都饭店当年备受赞誉的厨艺：

> 进入成都饭店这座有十三层楼高的天蓝色现代化建筑，穿过布置得广敞而雅致的接待大厅，来到二楼宴会门旁的“水榭”，这里窗明几净，陈设典雅，墙上挂着名人书画，竹制的沙发，几案颇富乡土特色。这正是四川十月小阳春季节，室外阳光灿烂，假山叠翠，瀑布飞泻，水声潺湲。佩银杏叶店徽、身着天蓝色西服的年轻女服务员，向我们亲切问候：“顾客好！”彬彬有礼地引导我们就座饮茗。
>
> 开始进餐了。铺着净白暗花桌布的圆桌中央转盘上，摆着八小盘不同形状、颜色、味道，烹调方法各异的荤冷菜，分量虽然不多，但精致异常。尤其是用玻璃盒盛装放于转盘中心的“九色素攒盒”更是别具一格。这本是川菜中一项传统菜式，过去有荤

有素，现在适应人们好素食的需要，改为全素，用各种本地出产的蔬菜精心制作而成。鲜红的甜椒、翠绿的莴笋、雪白的萝卜、碧玉般的葱卷、晶莹可爱的蘑菇球，色泽鲜艳，味美极了。

接着是陆续而来的八道热菜。第一道菜熘菊花海参，在这室内室外正是丛菊盛开的季节，吃着用熘菊花烹制的海参，真有当年陶渊明“采菊东篱下，悠然见南山”的诗情画意。第二道菜是彩蝶戏芙蓉，这是一道工艺菜，当年轻的姑娘捧菜上桌，大家不由惊叹起来：瓷盘中一泓清汤，中间盛开一朵芙蓉花，周围十只黄翅红眼珠的彩蝶随汤荡漾，翩翩起舞。蝶翅是用名贵的四川特产竹荪做的，蝶身则是鱼糁，眼珠用黑芝麻点成，触须则用鱼翅，真是惟妙惟肖，巧夺天工。汤味异常鲜美，人们情不自禁赞叹：好汤！王利器教授也频频点头，并兴致勃勃告诉大家：“天下最佳汤在武汉，武汉厨师精于做汤，这汤的滋味不下于武汉最佳汤。”第四道菜是双脆鱿鱼卷，王利器教授又告诉我们：“这道菜看似平常，但很考厨师手艺，鱿鱼和猪肚都要炒脆，很不容易!”我们尝了尝，果然双料皆脆、清爽上口。第五道菜是银杏冬寒叶，它是用成都市已有两千年种植历史的“冬寒菜”（葵菜、冬苋菜）精心烹制之后，周围镶上一圈银杏果，苋叶碧绿，银杏乳黄，真令人赏心悦目。冬苋菜是我们祖先最早种植的蔬菜之一，今天，在高明川菜厨师手下，也得到推陈出新了。尤其值得一提的是还有一道柠檬酥鸡肾，将西菜柠檬用于川菜，味道新鲜别致。这些年川菜厨师也在努力借鉴各国菜肴，增加了菜肴原料，这是十分可喜的尝试。

在一道道热菜上来的同时，服务员又陆续送上著名的成都小吃：芦叶裹着甜咸糯香的叶儿粑，五味俱全的担担面，红亮而袖珍的钟水饺，玲珑剔透的玻璃烧麦等。①

多次走在饭店业的前列

20世纪80年代，乘着改革开放的春风，成都各类宾馆如雨后春笋般冒出来，为了打造出自己的经营特色，成都饭店精心推出了丰富多样的服务内容，比如可以近距离接触巴蜀文化的蜀乐宫和蜀宫茶厅、西南地区首家室内恒温游泳馆、西南地区首家高尔夫微景练习球场、四川省内第一家豪华旅游出租车队、豪华卡拉OK歌舞厅、屋顶花园等等。

来自世界各个角落的宾客们，除了希望住宿得舒适安全之外，大多数都期待能够感受到当地独特的文化和风土人情，成都饭店不仅将四川文化的代表之一川菜做得地道精致，还特别打造了蜀乐宫和蜀宫茶厅，让宾客不出酒店大门，就可以切身体会最具特色的巴蜀文化。曾经有一位入住的外地宾客很感慨地说："成都饭店真的很'成都'啊，足不出户也可以感受到成都生活的魅力。"

集品尝川味菜肴和欣赏巴蜀文化艺术于一体的蜀乐宫，就是成都饭店于1987年推出的艺术表演餐厅。蜀乐宫的整体装饰以中国古典宫廷风格为主，豪华气派，而舞台典雅别致，配以现代激光音响设备

① 袁庭栋、吴红：《金秋时节乡味浓——与王利器教授在成都饭店》，《中国烹饪》1986年第10期。

和宫灯装饰，营造了极好的观看氛围。来自全国各地的旅游者可以在这里一边品尝美味佳肴，一边欣赏巴蜀民间音乐舞蹈、地方戏剧、杂技、木偶剧等，既可以为就餐增添情趣，也可以让宾客真切地感受巴蜀文化的魅力。①

如果外地宾客想要感受四川正宗的盖碗茶和四川茶文化，则可以去蜀宫茶厅小坐一下。坐在舒适的靠背椅上，左手端起放着茶碗的茶船，右手揭开茶盖，一股茉莉花香就迫不及待地钻了出来，用茶盖的边缘轻轻撇去茶汤上的浮沫，喝上几口茶，再听上旁边的几曲四川清音或者扬琴，整个人都舒坦了——这便是最地道的成都茶馆的精髓所在。

为给宾客增设游乐环境，尤其是为习惯夜生活的国外游客提供场所，成都饭店将屋顶改造为一座精美的小花园。屋顶原本是一块长方形的场地，看起来比较单调乏味，设计师采用传统琉璃瓦弧形花墙进行空间分割，营造出层次丰富、灵动通透的景观，在红方砖地面上点缀花池、花台，摆放盆花、盆景，使得这个屋顶花园独具情趣。同时，为了充分利用饭店的"身高"优势，沿女儿墙布置桌椅，宾客凭栏俯瞰，成都景色一览无余。宾客都愿意在忙碌地奔波于各个景点之后，来到屋顶花园安静轻松地享受一个晚上，因此这里成了成都知名的夜花园。

随着人们生活水平的提高，顾客对饭店服务的需求也日趋多样化、多层次，成都饭店凭借着敏锐的洞察力和开阔的视野，认真地分

① 《成都年鉴》编辑部编：《成都年鉴1988》，成都出版社，1989年7月，第396页。

析入住宾客的各种需求和喜好，多次走在饭店业的前列，创新性地推出各种特色的服务项目，常常让宾客眼前一亮，满足了宾客多样化的消费需求，很多入住过的宾客都心满意足地成了“回头客”，还十分乐意地推荐给身边的朋友。

老成都心中的城市名片

成都饭店，一直都是老成都心中的城市名片。作为成都市对外宣传的窗口，以及市委、市政府的重要接待基地，成都饭店接待过无数各国外宾、专家及政府官员，以细致周到而热情的服务，多次顺利完成省、市政府的各项接待任务，比如奥地利林兹市长代表团、加拿大蒙特利尔代表团、日本山梨知事代表团、世界杯外围赛外籍球队等。

一说到全国卫生检查团的接待任务，很多宾馆和饭店都会摇头，不敢承接，特别担心稍有不慎，就会被以“挑剔”闻名的卫生检查团查出问题，影响全市总评的成绩。不管是环境卫生，还是服务质量，成都饭店对自己都特别有信心，他们数次毫不犹豫地承担下这项艰巨的任务。在饭店所有工作人员的倾力配合和共同努力下，检查团一次都没有发现他们在卫生工作中有任何问题。

1990年10月，成都饭店热情周到的一流服务给以黄志刚为团长的全国卫生检查团留下了深刻的印象，检查团成员刘长征在评议卡上写道:“贵店服务员都很勤快，有礼貌，管理与服务水平均超过三星饭店。”成员冯永仁在致饭店的一封感谢信中说:“八天来，使我们在饭店感到你们无微不至的关怀，热情、周到的优质服务，比在家里还温暖。”①

1993年9月，成都饭店再次接待全国卫生检查团，并以优质的服务及优良的环境卫生状况，为成都市进入全国卫生城市做出了重要贡献，被市委、市政府命名为“创建卫生城市先进单位”。检查组离店时，对饭店给予高度评价，尤其对客房服务、菜品质量、清洁卫生等方面感到非常满意。②

1995年，全国城市卫生检查团全体成员离开成都饭店时，纷纷留下热情洋溢的感谢信，对其服务质量给予了充分的肯定。团长刘玉良写道:“服务周到、细致，热情友好，堪称一流。”检查团一位成员写道:“你们是两个文明的楷模。愿这朵鲜花永远盛开。”在成都市城市卫生检查情况通报会上，检查团评价说:“成都饭店为成都市这次创卫检查增加了无形的分数。”③

对于重要任务的接待工作，经验丰富的成都饭店早就形成了一套解决方案，在客人入住前就制定出具体的接待方案，提前布置好各岗位的工作，准备好应对各种可能出现情况的预案。有时虽然接待任务只是一两天，或者几个小时，背后却是饭店工作人员数天的忙碌。

四川国际电视节自1991年创办，已经发展成为世界各国影视机构高度关注的国际影视文化交流活动和国际国内影视节目及影视设备交易的重要平台，在加强国际文化交流合作、推动中华优秀传统文化和

① 《成都年鉴》编辑部编：《成都年鉴1991》，成都出版社，1991年10月，第404页。
② 成都年鉴社编：《成都年鉴1994》，成都年鉴社，1994年9月，第219页。
③ 成都年鉴社编：《成都年鉴1996》，成都年鉴社，1996年9月，第226页。

巴蜀文化“走出去”、促进我国我省广播电视发展等方面发挥了重要作用。1995年，第三届四川国际电视节在成都举办，成都饭店面临的这次接待任务不仅责任重大，影响面还特别广，为了做到万无一失，成都饭店全体员工齐心协力，以吃苦耐劳的精神和热情周到的服务，赢得了电视节客人的一致好评，圆满完成了这次重大接待任务。

电视节期间还发生过一个小插曲，担任电视节首席评委的来自德国的丹姆德曼先生，不慎将装有300多美元和1800多马克（折合人民币3万元左右）的钱包掉在了出租车上，由于这是成都饭店自己组建的出租车队，驾驶员李健发现钱包后就赶紧报告酒店。事后，丹姆德曼先生感动万分地说:“我曾在西方一个国家的出租车上也丢过钱包，没有找到，想不到在中国，有着比西方更具有高尚公德的驾驶员。下次我到成都，一定再住成都饭店。”正是成都饭店一次又一次高标准高质量的服务，为四川省、成都市的对外形象增添了光彩，同时，也为自身赢得了良好声誉，吸引了更多的中外游客。

新华公园：陪伴东郊人的春夏秋冬

“这盘整得可以哦，绿化多了，路面也不积水了，噪音也少了。晚上七点半过去，人多得打堆堆，来公园竞走的人特别多。”“终于把那个游乐场拆了，又吵又闹，也不安全。茶园也拆了，宽敞多了。这才有公园的样子嘛。”“一进到公园里头，就觉得空气都要好很多，我和老伴没得事的时候，都要到这里来转一下，走累了就坐一下，现在板凳也比以前多了。”“娃儿喜欢那个新的攀爬区得很，天天都喊起要来耍。”……新华公园，俨然已经成为人们在钢筋水泥构筑的城市森林里留出的一方诗意栖居之地。

历经五个月的封闭改造后，新华公园于2018年5月16日正式向市民开放。新栽乔木八百多株，湖面更加宽敞，路面更加平整，曾经收费的游乐区则改为免费的儿童游戏区和园林，这些新变化都让走进新华公园的市民眼睛一亮。陪伴东郊人二十几年的新华公园，还要继续陪伴大家走完一个又一个的春夏秋冬。

这里承载了几代人的记忆

“那是我第一盘看郁金香，好稀奇哦！还有些啥子百合、康乃馨之类的。这些花现在到处都看得到，以前见都没见过。”家住双林社区的林绍珍激动地回忆着1994年在新华公园逛郁金香展时的情景，“我还记得花展的门票要五块钱，我是带着婆婆去看的，因为不知道老年人可以免票，一共花了十块钱呢！后头我才给婆婆办了老年证。”

林绍珍小时候就住在新华公园附近，后来因为这片区域规划要修公园，于1987年12月全家搬迁到双林社区，她亲眼见证曾经的那片田地变成了今天的新华公园，“我们现在天天都要去新华公园，以前去跳操，现在就是去散步，里面安逸得很”。

“新华公园，以前就是一片荒地，那里有个很大的坟包包，早就被人盗过，我们小时候还经常跑到里面去耍。”“新华公园里面栽的那些银杏树，还是我们单位卖给他们的。”“新华公园以前有个很高的土包包，土质很好，有人把那些土挖来做灶做砖，后来就有些农民去那里住。”……说起新华公园的前身，每一个老双桥子人都有着说不完的话题和故事。

为给成都市民，尤其是东郊片区的居民提供一个良好的游憩休闲场所，根据成都市总体规划，经过成都市建委批准，于1988年3月成立万年公园[①]筹备小组，10月正式定名为成都市新华公园筹建处，并着手进行建设前期的准备工作。1989年2月2日，张皓若、杨汝岱、刁金祥、舒銮逸等省、市领导和成都空军、成都部队等200多人在新华公园苗圃种植了共计10个品种650多棵树苗，新华公园正式开始绿化工作。

“我是1989年、1990年的样子来新华公园上班的，那时刚刚高中

① 由于公园地处当时的万年场片区，规划筹建初原名为万年场公园、万年公园，之后正式定名为新华公园。

▲ 1989年2月2日，时任四川省省长张皓若等领导视察新华公园。 新华公园供图

毕业，我是负责搞档案工作的。”新华公园管理处办公室主任唐希红介绍道，“那次一共进来了二三十个年轻的职工，我们都要自己挖地、担粪、种树。那时年轻，还做得下来！”她还记得自己种得最多的是银杏树，当时由于树木比较大，所以挖的坑得又深又大才行，有些二三十厘米深，有些要三四十厘米深，那个年代并没有什么机器，全靠几个人一起用锄头挖。“这个公园也算是我们自己一手一脚弄出来的，所以特别有感情。”唐希红自豪地说，“要是看到游人摘哈花、踩哈草什么的，真的觉得很心痛。”

由于当时成都市财政资金有限，新华公园的建设速度比较缓慢，为加快公园建设速度，公园领导在市委、市政府有关部门的支持下，自1992年起大胆尝试招商引资进行公园建设。在基本保持公园总体规划的前提下，新华公园先后引进资金2000万元建成“东方游乐城”“小人国乐园”“夜花园”等项目，使其成为集现代园林、建筑、游乐为一体的区域性综合公园，于1993年4月20日正式开放接待游人。

开园这天，新华公园彩旗飘飘，门口摆满了五彩缤纷的迎接花篮。南大门的开业剪彩仪式更是热闹非凡，韩邦彦、张锋、胡懋洲等省、市领导出席了剪彩仪式，主持人由当时中央电视台的倪萍担任，还邀请了著名的文艺界人士蔡国庆、王洁实、谢莉斯、李丹阳等前来助兴。而在公园东南角，东方游乐城门口挤满了排队买票的市民。这座欧式城堡造型的东方游乐城，是成都当时为数不多的有大型游乐设施的地方。

▲ 1993年4月20日，蔡国庆、谢莉斯、王洁实、金铁霖等影视明星前来参加新华公园剪彩仪式，倪萍担任主持。 新华公园供图

▲ 1993年4月20日，从五冶大楼上俯瞰新华公园。　新华公园供图

▲ 1993年4月20日，新华公园的南大门外一角。　新华公园供图

20世纪90年代初，人们的休闲娱乐方式远没有今天丰富多彩，这个新修的新华公园门票价格不高，只需要五毛钱，因此成为很多人周末、节假日带着家人一起游玩放松的首选之地。“刚开园那几年，我们新华公园真的很火爆。儿童节那天上午才十点多，票就卖完了，园里不得不停止售票。”唐希红至今对1993年儿童节当天的盛况都记忆犹新，“我们园当时的最高限流量是两万人。两万人是什么概念？就是公园的路上基本都是人，人挤人，就有点像春运时的火车过道一样，挤都挤不动。出于安全的考虑，我们是在几小时之后人流量开始减少才恢复售票的。”

1993年，新华公园累计接待游客103.6万余人次，平均每天约有2800人次入园，1994年累计接待游客数上升为168万余人次。1986年出生的小潘那时觉得新华公园是全世界最好玩的公园，平时省着花零用钱就是为了春游时可以去新华公园“放纵”一次；85后汪洋小时候特别喜欢城墙上的小火车，常常是坐了一圈又一圈，直到父母把她拖走，如今她的宝宝5岁，住在附近的她也常常带着宝宝来公园里逛逛；四十多岁的张大哥很不好意思地说，哎呀，我年轻的时候耍朋友就是跑到新华公园来耍的，这边有情调嘛，现在我俩还是晚上要来这里散步；六十多岁的廖大妈天天都要到新华公园“报到”，和朋友们一起跳操锻炼身体……新华公园有很多这样的“粉丝”，他们在这里留下过无数美好的回忆，或者说新华公园已经成为陪伴他们成长、生活的老朋友。

可以说，不管是曾经的那块田地，还是后来的公园，这块土地上，都已经承载了好几代人的记忆。

▲ 1993年4月20日，新华公园开园前的北大门外场景。 新华公园供图

▲ 1993年4月20日，新华公园开园第一天，游客熙熙攘攘。 新华公园供图

别具一格，打造现代新型园林景观

中国过去只有官家或私家园林，它们只是为统治阶级和中上层阶级等少数群体服务的，从未走入普通居民的生活中。公园这一公共旅游活动空间完全是近代西方文明的产物。[①]上海是近代中国公园的发源地，1868年8月，英美租界工部局在上海苏州河与黄浦江交界处的滩地，按英国的风格设计，开辟了一个三十亩左右的公园，即上海外滩公园，这是中国最早的公园。外滩公园的原名是Public Park，以前译为“公家花园”。20世纪初，“公家花园”渐渐被人们简称为“公园”[②]。而四川是全国最早开辟城市公园的地区之一。建于1911年的少城公园（今人民公园），是成都第一座供民众享用的城市公园，之后，成都市政府便开始陆续修建各种风格的城市公园。

早期的城市公园有不少都是以我国古典园林为范本进行建设，而新华公园在最初进行园林规划时，就希望将其打造成一座具有时代感的现代城市公园。“所有园林建筑和设施将采用新形式、新结构、新材料，不搞古典建筑”[③]，“不尚小桥流水、曲径通幽的古趣，也不刻意搜求单株孤本价值连城的花木珍异。其不俗之处，恰在全公园绿化区域的布局设计着眼于大面积色块、线条的巧妙组合变化。呈现

① 贾大泉、陈世松主编：《四川通史·卷7·民国》，四川人民出版社，2010年3月，第640页。

② 李德英：《城市公共空间与社会生活：以近代城市公园为例》，《城市史研究》2000年第Z2期。

③ 《成都年鉴》编辑部编：《成都年鉴1989》，成都出版社，1989年12月，第192页。

在游人眼前的，是园艺工作者用单价低廉的寻常花草拼镶的新颖图案，从广阔范围整体造型的完美效果中，体现出开放型的现代园林构想”。①

可以说，作为改革开放之后修建的城市公园，新华公园更多地借鉴了西方现代园林的造景方法和设计理念，形成了以疏林草地为主体，大色块鲜花为点缀的新型园林景观，营造出与其他公园不同的时代氛围，为前来休憩的游人们带来了新的感受。“像这样精心设计布置的一座有时代感的公园，无论从其周围地带远望，或自空中鸟瞰，无疑都会感觉到它的协调和优美。”②

西方的园林设计相对中国传统园林来说，更注重形式美，常常大量应用几何形状，总体上形成井然有序、主题鲜明、层次分明的特点，由于空间开敞明朗，视觉上不易疲劳，让人有种豁然开朗的愉悦感。新华公园的整体绿化以开阔平整的碧绿草坪为基础，在草坪边缘和其中的突出部分点缀上各种五颜六色的时令鲜花，其间搭配种植一些高低错落的树木和新奇植物造型，从而形成互相关联的立体绿化，丰富园林绿化的空间结构层次和立体景观艺术效果，同时也让见惯了东方古典园林的人们耳目一新。

为了在公园中为游客打造出一片引人入胜的南国风光，新华公园不吝投入巨资修建了苏铁园，在南大门外东西两侧和大门斜坡上，种

① 霍风、杨靖：《别具一格的新华公园》，载政协成都市成华区委员会编《成华文史资料》第2辑，1997年12月。注：杨靖为时任新华公园副主任兼工程师。

② 霍风、杨靖：《别具一格的新华公园》，载政协成都市成华区委员会编《成华文史资料》第2辑，1997年12月。

植了百余棵绿意盎然的苏铁，在当时是全市数量最多、规格最大的。“每棵苏铁价格的计算单位为厘米高度，足见其珍稀。它从幼树长到五米左右高度，一般需时数百年。新华公园苏铁因树龄都比较长，始能连年开花不断；而且由于进行人工授粉，产籽特多，现已连绵成片蔚为奇观。”[①]人们常用“铁树开花”来形容非常罕见或者极难实现的事情，可是到新华公园赏苏铁开花就成了一件容易的事情，于是吸引了不少前来“看稀奇”、想要亲眼看见铁树开花的游客。除了苏铁之外，新华公园还种植了蒲葵、棕榈、芭蕉等热带和亚热带植物，树形优美别致，经人工培植和搭配，使其三五成群，形状各异，富有异域情趣。

成都素来气候温和、雨量充沛、土地肥沃、植物资源丰富，适宜绿化种植，历来都有“树木葱茏、繁花似锦”的美誉。新华公园的植物种类达一百二十多种，其中乔木约三十种，比如银杏、水杉、桂花、榉树、垂柳、枫树等；灌木树种如迎春、南天竹、紫荆、山茶、含笑等；地被植物包括玉簪、肾蕨、白花车轴草等。[②]

新华公园精心地根据不同植物不同季节的生长特性搭配了各种植物，确保游客一年四季来到这里都有可以欣赏、让人流连忘返的美景：春天，长达三百多米的海棠长廊里，娇艳的贴梗海棠开满了拱形廊架，成了一条浪漫的红色小径，惹得游人都想停下来拍照留影；夏

① 霍风、杨靖：《别具一格的新华公园》，载政协成都市成华区委员会编《成华文史资料》第2辑，1997年12月。

② 冯颖杰：《成都新华公园景观改造设计研究》，硕士学位论文，成都理工大学，2018年。

天，鲜艳似火的石榴花绽放在石榴坡，好似一片炫目的红霞；秋天，满树金黄的银杏、热烈耀眼的红枫相互交错绚丽着；冬天，小巧的蜡梅花开，让整个园子都弥漫着沁人心脾的芳香……“我从小就喜欢花花草草，春天一等到海棠、樱花开了就赶紧来新华公园看一下，然后就开始算着什么时候来看荷花。”大学毕业刚参加工作不久的吴丽小时候住在双林社区，经常周末约着小伙伴一起到新华公园赏花，“现在工作忙了，有时想透透气，缓解一下压力，就来新华公园。看到这些花，心头就一下子舒服了。”

好看、好耍、好实用，提升市民生活质量

公园作为舶来品，它伴随着城市工业化的进展而渐渐进入人们的日常生活。欧美国家在19世纪50年代前后，曾经涌现出一大批成规模的城市公园，就是为了帮助人们从疲惫不堪的城市生活中解脱出来，在大自然中呼吸新鲜空气，以便更新身体和精神世界。[①]

近年来，城市公园在城市化发展过程中，逐渐成为城市构成的重要组成部分，它不仅作为城市的主要绿色空间，承担着净化空气、改善自然环境、维持城市生态平衡的功能，还为城市居民提供优质的休闲娱乐空间，可供市民在工作之余前去休息、小孩能够玩耍、老人能够锻炼身体，丰富市民的业余生活，改善和提升城市生活质量。

---

① 孙云龙：《晚清民国时期社会生活新观念的植入和嬗变：以“公园”为例》，载复旦大学旅游学系编《复旦旅游学集刊·旅游发展与社会转型》，复旦大学出版社，2015年12月。

早期的新华公园主要由文化广场、夜花园、主题植物园、儿童游乐区、滨水观光区、健身区、茶园休闲区、海底世界、安静休息区等几部分构成，基本上可以满足不同喜好的游客的需求。健身区里配置了不少健身器材，很多老年人喜欢在这里锻炼身体，“我们天天都来这里，同龄人也多，一边锻炼，一边聊天，充实得很！”湖边散步的黎大姐说，“我有时和老同学们约到这儿来聚一下，有时晚饭后带起孙娃子过来散哈步，活动一下，呼吸点新鲜空气嘛。”

为了丰富市民的文化生活，新华公园每年都要举办各种以教育、游憩、纪念、庆祝、宣传等为目的的展览、展示、科普和游园活动。1993年12月4日，刚开园不久，新华公园就举办了为期一个月的新加坡花卉花艺展，将平时只能在电视和画册上看到的亚热带花园搬到了成都市民的身边，大家可以亲眼看见10多万株新加坡胡姬花、火鹤花及各种奇花异草，深受游客们的喜欢。1994年的荷兰郁金香花展，展出30万株（盆）荷兰郁金香、鹿子百合、爱丽斯[①]、康乃馨等欧洲名贵花卉，历时30天，接待游人17万人次。[②]而几乎每年都会举办的春季花展，则早早就列在了很多市民春天必做事项的清单上。

由于新华公园所处的位置交通方便，人流量大，可以吸引更多市民，很多单位和机构也乐意在这里举办活动，扩大影响。2003年4月6日一大早，新华公园里就拥入了很多下岗失业职工，他们是奔着由四川省总工会、省企业联合会和企业家协会主办的下岗求职再就业政策宣传暨求职招聘会现场而来的。招聘会上，除由承办单位组

① 爱丽斯即观赏植物鸢尾，英文叫作Iris，当时为音译。

② 《成都年鉴》编辑部编：《成都年鉴1995》，成都年鉴社，1995年9月，第307页。

织进场的用人单位外，许多闻讯赶来的用人单位也十分积极，进场招聘单位达300家，现场提供各种工作岗位5000多个。现场应聘的下岗职工除1万名是组织进场的下岗困难职工外，自发前来的下岗职工使参会人数逾2万人。“我今年都五十几岁了，好多单位都不招我们这种岁数的，没想到今天在这里找到了工作！”“我今天其实就是路过而已，进来就是想试试看，居然给自己找到了一份不错的工作呢！”……很多下岗职工都在这里实现了再就业，找到了适合自己的工作，同时现场的法律援助咨询点、政策宣传点前，也被下岗职工们围得水泄不通。

2013年4月20日早晨8点左右，芦山发生7.0级地震，成都市区有明显震感，平时供市民散步游玩的新华公园在这样的关键时刻又“变身”成为地震应急避难场所。不少居住在新华公园附近的居民陆续来到公园的开阔地段避难，紧接着，公园广播系统开始播放地震最新消息，公园的工作人员也配合新鸿路街道派出所民警进行巡逻和治安维护。

随着经济社会的快速发展，公众对于公园的需求已经不仅仅满足于一般的休闲游憩和放松身心，作为城市的公共空间，这些诸如庆祝中华人民共和国成立60周年成华区分会场文艺表演和游园活动、冬季征兵大型宣传活动日活动、党报党刊及邮发报刊宣传日活动、成都特价书市、科技活动周开幕式及科技游园、百姓大书市、“依法维权关爱妇女”宣讲活动等各类在新华公园举办的大大小小的文化活动，还满足了公众的精神文化需求，使新华公园慢慢地融入了市民生活的方方面面，陪伴着他们的每一个春夏秋冬。

成华小学：以美育人的摇篮

2018年6月23日晚，成华小学的操场上华灯璀璨，“花开忆童年”成华小学2018届毕业典礼正在举行。伴随着《再见昨天》舒缓的音乐，六年级的家长分列在红毯两旁，神采飞扬的毕业生们手挽着手依次走上红毯，而大屏幕上孩子们在成华小学度过的童年时光一幕幕重现。

校长宿强为学生送上了殷切嘱咐：“同学们，未来，等待你们的可能有鲜花与掌声，也可能有泥泞与荆棘，但不管怎样，我希望从成

▲ “爱相伴，美相随”正是成华小学的校训 成华小学供图

华小学走出去的每一个孩子，心中一定要有爱，眼中一定要有美，因为只有这样，你才有足够的勇气和力量，去战胜重重困难，书写自信而美丽的人生。愿你们一生都能‘爱相伴’，‘美相随’。”

作为国内较早聚焦美育、专注美育的成华小学，多年来一直坚守“以美育人”的办学方向，形成了鲜明的“尚美文化特色”，以“美浸生活，美润人生”为育人理念，致力于办一所“用科学启迪智慧，用情感润泽心灵，用艺术陶冶情操”的学校。二十多年来，来到成华小学的每一个孩子都曾经历承载着“尚美素养”的教育，他们因此打上了尚美的烙印，散发出尚美的气质。

与爱相伴，与美相随

成华小学[①]于1991年建校，是成都市首批“九年义务教育示范学校”、成都市首批义务教育阶段名校集团的龙头学校，是成都市小学教育“新五朵金花”之一，被中国教育学会赞誉为“以美育人的摇篮”。

首任校长胡天彦从建校起就提出以“实施素质教育为突破口，走特色学校发展之路”为目标，坚持“从美育着力引动素质教育”的思想，确定了学校未来的发展走向，力图探索、求解美育与学生发展、教师发展、学校发展的关系。1992年，成华小学确立了“以艺术为突破口，深化美育，促进学生全面发展”的研究课题，把艺术教育作为从“应试教育”向“素质教育”转轨的重要措施。

① 成华小学现有锦绣和新华两个校区，其中锦绣校区在东秀二路200号，新华校区在新鸿南路77号。

二十多年来，成华小学一直都走在追寻美育、以美育人的道路上。学校以艺术教育为突破口开展美育研究，先后进行了多达七轮省、市、区级美育课题研究，历经“在艺术教育中探寻美—在儿童生活中发现美—在学科教学中培养美—在校本课程中塑造美—在尚美文化建设中涵育美—在社团活动中延伸美—在整合课程中提升美”的研究之路，逐步构建起“尚美”教育体系。

走进成华小学，首先映入眼帘的是校门口的“爱相随，美相伴”六个大字，这六个大字正是成华小学的校训。漫步教学楼各楼层走廊和楼道，墙上挂满了岩彩画、剪贴画、水墨画等艺术作品，这数百幅作品都是由学校师生原创的，连每幅作品的标签都是学生自己填写的。学校特别关注环境的现代育人价值，老师们一致认为“心中有

▲ 美好的校园环境，启迪着师生对美的敏感和对生活的热爱。　成华小学供图

爱，眼中有美”的校园，必须依赖师生的智慧、凭借师生的双手来打造和美化。

在成华小学，每一条路、每一面墙、每一扇门窗、每一尊雕塑、每一处景观，在不同的季节都展现出各自不同的美丽形态。学校希望通过美好的校园环境，启迪师生对美的敏感、对生活的热爱，激发他们树立自信，拓展视野，让师生对美的追求不断延伸。

成华小学还别出心裁地在操场一角打造了一个占地数十平方米的耕读园，分块种着黄瓜、玉米、茄子等农作物。可别小看这个农场，它正是“尚美教育”的特色载体之一。每逢周末，一些孩子和家长就会带着锄头、铁铲、水壶等工具来到这里，为自己认养的农作物浇水、松土、除草等，常常忙得满头大汗都舍不得停下来。忙完农活之后，“小农户”们还要在黑板上详细写下耕种记录，在黑板的另一侧，贴满了部分学生、家长和成熟的农作物合影的照片。“这样过周末很有意义，有点田园生活的感觉，比打游戏、看电视好多了。”家长们也乐意陪着孩子一起来学校劳动。

“在耕作中，学生了解植物，认识自然的美。”校长宿强解释说，这就是成华小学推崇的“尚美教育”，“我们不是只关注培养技能，而是要润泽一颗丰富、健康的内心和培养感受人性、自然、社会之美的能力，让孩子以这颗心充满自信地走进世界，感知生活的大美。‘美育’，在如今的成华小学不仅是一种品位的养成教育，更是人格的养成教育，学校的最终目的是要通过开展‘尚美教育’，培养拥有健康积极价值观、人生观、世界观全面发展的学生。我们期望以大爱之心育莘莘学子，以大美之艺绘传世之作。”

每一堂课都是美的教育

学校课程是育人理念落地的体现，在“美浸生活，美润人生”育人理念的指导下，成华小学确立了尚美课程目标——培养“崇真、至善、尚美”的尚美核心素养，进行“国家课程校本实施、地方课程融合实施、校本课程特色实施”的探索，逐步形成了“尚美课程”系列。

以前，很多人往往把“美育”等同于艺术教育，这使美育很难发挥其应有的全部教育功能。其实，美育是有目的、有计划、有组织地通过各种美的事物，培养学生审美欣赏、审美表现、审美创造的能力，同时促进他们德、智、体、劳等素质全面和谐发展的教育。

在成华小学，每一堂课都可以是美的教育，各门学科的教材里都蕴含着丰富的审美因素，如语文教材中有自然美、社会美、艺术美等，数学教学中有规律美、思维美、图形美、逻辑美，艺术学科则蕴含着节奏美、线条美、色彩美、韵律美等，都为学科美育提供了丰富的教学内容。

语文作为人文性极强的学科，富含多元的美育因素，是对学生进行“尚美教育”的极佳载体。比如《三峡之秋》《雅鲁藏布大峡谷》《美丽的小兴安岭》等课文里，展现了山川河流的壮美与秀丽，让学生充分感受了自然美；《生死攸关的烛光》《献你一束花》等课文里有着社会生活中的正义与崇高、友爱与情谊等，弘扬着人性之美；以及作者在创作文章时展现的艺术美、遣词美、结构美……这些都凸显了语文特有的尚美育人魅力。

而正如古希腊数学家普罗克拉斯所说：“哪里有数，哪里就有美。”虽然小学数学还只是非常基础的课程知识，可在成华小学老师们的深度挖掘下，数学之美也无处不在，比如阿拉伯数字的简洁之美，凑整简算的灵巧之美，等腰三角形、正方形和圆形等简单几何图形的对称之美，方程式等量关系的平衡之美等等。

大多数人都觉得枯燥无趣的方程式，在老师的课堂上也展现了独特的美丽。在“方程的意义和解简易方程”一课里，数学老师刘老师首先带着学生们认识天平，他在天平的两端放置各种不同的砝码，两端时而平衡，时而上下，让孩子们想起了跷跷板，觉得特别有趣。在借天平教授学习方程的意义的同时，他引导学生思考天平平衡时带来的心理感受，让学生开始意识并体验平衡美。紧接着，学生分小组开始自己动手操作天平，这更让他们真切地感受到运用美的数学原理创造美带来的愉悦。在这堂课里，整个过程都充满了美的魅力，孩子们不仅获得对数学知识抽象而又直观的美的感知能力，发现数学美的存在，还培养了审美情感和审美能力。

从美育着手落实素质教育，不能靠说教和填鸭式灌输。成华小学将各种教育因素融入一个个生动形象的教育案例中，融入学生看得见、摸得着的学科内容、活动情境、身边事物中，用美动人、用情感人、用心育人，在润物细无声中以美育熏陶、启迪和浸润孩子们，丰厚着他们生命行走的精神力量。

让每个生命都璀璨绽放

十多年前，成华小学曾成功地举办过一次大型艺术节展演，事后却有一位专家提出了质疑："晚会中三分之一的学生上台表演了，那余下的三分之二学生就是'看客'吗？难道我们的活动就是为这三分之一的学生举办的？"

有没有一个平台能让每个孩子都有展示自己的才华与天赋？学校经过研究和讨论，决定鼓励学生举办各种社团，让孩子们在社团活动中充分展现自己的才能。从2010年3月起，学校综合学生的意见，提供了100多个不同种类的社团供全校学生选择参与，最后正式组建了100个学生少年"尚美社团"，号称"百团大战"。

在尚美社团的组建中，成华小学基于学生的年龄特点、个性风格，以"美"为主线，构筑起一个个个性鲜明的尚美社团。这样的"百团大战"不仅给了每一个学生自我发掘、自我肯定、自我探索、自我锻炼的舞台，还进一步开拓了美育和艺术教育阵地，促进了整个校园艺术活动新格局的形成。

与很多学校组建社团不同，成华小学的社团是由孩子当家做主。在"尚美社团"里，老师作为引领者退居幕后，让学生站到前台来，负责社团的组建和活动的开展，完全由学生自主管理，让每一个社员都有展示自己的机会。社团活动涵盖阅读、科技、体育、手工、音乐等各方面，学生可以根据自己的兴趣爱好，通过自愿报名、社团招募，和同学一起在获取知识、探求真理的同时，还可以塑造和展现个性化的自我，使学生在活动中感受美，在参与中感悟美，享受成长的

▲ 丰富多彩的社团活动，让每一个生命都璀璨绽放。
成华小学供图

快乐。

五、六年级的学生曾经组建过一个柯南社，社员们首先根据民主投票选出了一名社长和两名副社长，并集中所有社员一起商讨和确定本社团的标志和活动口号。社团的活动内容也设置得相当丰富：观看柯南的影片，讲柯南的侦探故事，开展小侦探活动等等。每次活动的组织者由两名学生担任，老师仅负责指导，需要组织者自己查找有关资料，确定活动形式，最后交由老师审定。一学期以后，柯南社的每一位社员都在社团活动中各显其能，大展身手，不仅通过对柯南这个卡通形象的热爱培养了逻辑思维能力，还锻炼了组织能力和策划能力，有社员开心地说：“真的没想到，因为喜欢柯南让自己有了那么多收获，还交到了几个好朋友呢。”

每周五的舞蹈社团活动，都是热火朝天的，虽然老师有时不在，却依然井然有序：有自己教自己组的，有几个组聚在一起探讨舞蹈动作的，有在小团长的带领下检查动作是否规范的……社团活动激发了孩子们对舞蹈的热情，他们在这个小小舞台上自由地展现着自己的能力与自信，指导老师曾老师也特别高兴："这些孩子喜欢的活动形式不仅让他们的个性得到了充分的张扬，也使我校的舞蹈艺术活动不断地迸发出新的生机。"

"我们组建社团不是单单为了学生技巧、技能的培养，更是着眼于长远的交往、沟通、协调等基本素质的培养。"廖佳秋老师解释道。正因为如此，家长们也特别认可尚美社团，有一位学生的家长还把社团称作"孩子成长的沃土"。原来，她的儿子原本不喜欢下数棋的，就是因为跟着好朋友一起参加了数棋社，每周五只要参加完数棋社活动，孩子都会讲个不停，"一会儿是社长今天组织比赛了，一会儿又是大家讨论新棋法。最让我高兴的是，不仅他的棋技有了长进，更重要的是，比以前更开朗更自信了"。

故事中的传奇人生

人民群众是城市的创造者，在双桥子这片土地上，人们脚踏实地、勤勤恳恳，涌现了很多杰出人才：有跨越三个时代的传奇老人张振华，有蜀中著名的教育家和楹联家陶亮生，有不畏生死的老兵曾织辉、罗俊德、谌志龙，有坚持传承传统文化的手艺人唐荣基、鲁国华、苟建勋……他们故事中的传奇人生，让人们不由自主地生出深深的敬意，他们无疑是双桥子深厚的文化底蕴的重要组成部分，也是双桥子一道永恒的风景线。

张振华：跨越三个时代的传奇老人

在水碾河路北社区的一栋普通居民楼里，曾住过一位传奇的老人，她跨越了三个时代，并亲身经历从清王朝、中华民国、中华人民共和国三个不同的历史时期，因为她一百多岁的高龄、学历达博士学位、政历到成都市政府终身参事职位，人们又把她赞誉为“三高老人”。她就是张振华老人，在水碾河度过了她生命最后的二十几年。2005年11月，她因病去世，享年一百一十一岁，去世前她是全国年纪最大的博士。

专研蚕桑技术，寻求科学救国

“你一定是日本人？”法国里昂大学校长看完张振华撰写的一篇关于通过蚕种改良使其越冬即可产蚕的新技术的论文后问张振华。

“不，我是中国人！”张振华在惊异之后高声回答道。这篇论文里所介绍的养蚕新技术一经发表就受到了法国当地科学界的高度重视，里昂大学校长这次专门找到张振华就是想带她去意大利参加学术交流会议，张振华原本兴奋地期待着，但这件事情让身在异乡的她更加思念祖国，更加迫切地希望可以把自己这几年所学全部带回去。之后，尽管里昂大学还有一位教授想高薪聘请张振华做自己的助教，她还是婉言谢绝了，于1932年回到祖国。

张振华，1894年12月（清光绪二十年冬月）出生于四川隆昌县。她的父亲张冕堂曾经留学日本，毕业于日本陆军士官学校，与吴玉章是同盟会的好友，辛亥革命后曾在四川督军尹昌衡手下担任军长。张冕堂是一位思想比较开明的父亲，他深信“有书不读子孙愚”，虽然张振华是女儿，可小小年纪也依然跟着哥哥姐姐一起在私塾里读书习字。父亲对女儿寄予厚望，希望她将来学业有成，可以为振兴中华而奋斗，于是起名“振华”。在家庭的熏陶下，张振华的学习成绩一直名列前茅，深受老师喜欢。

汉代扬雄《蜀王本纪》中曾记载“蜀王之先名蚕丛，教民蚕桑”。四川素有“蚕丛古国”之称，是中国蚕丝业的发祥地之一。那时，栽桑养蚕、缫丝织绸不仅是农户们的家庭副业，是其重要的经济收入，丝绸产品也是历朝历代赋税的重要组成部分。很多地方的老百姓甚至会在山顶上修建蚕神庙，敬香供奉，保佑蚕茧丰收。

还在读私塾的时候，张振华听到了轩辕黄帝的元妃西陵氏嫘祖始“教民养蚕，治丝茧以供衣服”的传说，那时人们饲养的多为原种蚕，茧子为黄茧，产量不高，蚕丝品质也一般。而生丝和丝绸是当时我国非常重要的出口农副产品，张振华就暗下决心要学习蚕桑技术，提高蚕丝业的产量和质量，以科学报国，造福社会。

清光绪三十三年（1907），周孝怀任四川劝业道台，积极发展四川的蚕丝业。他在劝业道下设四川省蚕务总局，分推广、养蚕、栽桑、茧丝四课，同时在成都设省立高等农业学校蚕桑科和省立女子制丝讲习所，在各县设县立蚕桑传习所，普及蚕丝技艺。成都女子蚕桑传习所就是这一年创建的，张振华如愿考入这所学校，成为蚕桑传习所的第一届毕业生。毕业之后回到家乡，年仅十六岁的张振华就被聘为隆昌县立女子学校校长，之后又任安岳女子学校校长。

1920年，应吴玉章的邀请，我国驻法公使馆高级官员、吴玉章的留法同学郑毓秀来到四川考察实业，积极宣传女权思想，倡导女子赴法勤工俭学，于是，张振华和张雅南、李鸿鸣、潘惠春、朱逸恂五个女生均被录取，跟着郑毓秀前往上海等候乘坐海轮前往法国。她们成为四川最早留学法国的女学生，自1918年到1921年的四年间，几乎每一艘开往法国的海轮上，均有四川的青年学生。[①]

有一次，孙中山和夫人宋庆龄邀请郑毓秀到位于莫里哀路29号的寓所午宴，郑毓秀带着这几个即将赴法留学的女生一同出席。“孙先生和宋夫人见到我们很高兴，都勉励我们去法后要勤苦学习，将来好报效祖国。”[②]数日之后，带着众人殷切的希望，张振华和大家一起登上法国“波尔号”轮船，在海上颠簸了一个多月，终于抵达法国。

女生们和郑毓秀一起住在她在巴黎的寓所，为了尽快提升大家的法语水平，郑毓秀专门聘请了一位法国妇女来教授法语。郑毓秀的法国干妈于格儒夫人特别喜欢好学上进的张振华，便每月资助五百法郎，帮助她住进修道院进行正规学习。一年以后，张振华考入巴黎高级蚕桑学校。面对如此得来不易的学习机会，张振华除了打工之外，把所有时间和精力都投入学习上。1924年，她从巴黎高级蚕桑学校毕

① 何一民：《成都通史·卷七·民国时期》，四川人民出版社，2011年11月，第299页。

② 张振华：《忆六十八年前发生在巴黎的一桩公案——李鹤龄行刺陈箓始末》，载成都市人民政府参事室编《蓉参史料·第二辑》，成都市人民政府，1990年11月。

业后，又以优异的成绩考入法国著名的里昂大学理学院攻读蚕桑改良专业。她的博士论文《蚕软化病预防研究》在法国科学院发表后，引起西方一些专家的极大关注。1930年，张振华获得里昂大学理学博士学位，被聘任为巴黎巴斯德学院研究员。

1932年，三十八岁的张振华踏上了归国之路，为我国蚕桑改良做出了很大的贡献。1935年，她在南京担任全国经济委员会蚕丝改良委员会蚕桑改良场的技术专员兼试验部主任，并同时担当场部意大利顾问马利博士的助理兼翻译，后来，她受竺可桢邀请前往国立浙江大学蚕桑系执教。

那时，她虽然远在江浙一带工作，可心里依然念念不忘家乡的蚕丝业。当时由于世界经济不景气，丝价也跟着衰落，再加上日丝的倾销和人造丝的兴起，丝价已经一落千丈，四川的不少丝厂陆续倒闭，农民因为无利可图，也不愿意养蚕。眼见着原本福国利民的好产业逐渐衰退，无人问津，张振华心里特别难受。她在《蜀农》1936年第2期发表《复兴四川蚕丝业我见》，针对四川蚕丝业整体的衰退，结合她在国外学习的技术，并参考江浙一带已见成效的改良方法，从人才的培植、改良蚕种、改良桑树、改良烘茧技术、改良缫丝、设立茧行、组织生丝贩卖合作社等方面，严谨细致地提出了各项改良方案，真切地希望四川蚕业“锐意改良，不出数年，非但可与江浙蚕丝业并驾齐驱，且可维持中国蚕丝之国际地位。外足以对日丝之倾销，内足以恢复农村之繁荣”[①]。

① 张振华：《复兴四川蚕丝业我见》，《蜀农》1936年第2期。

后来，她先后在复旦大学、四川大学任教，并曾任四川省立成都女子职业学校校长，可谓桃李满天下。她一生都关心教育，甚至在去世前就嘱咐晚辈要在她过世后，将部分财产捐赠给自己早年读过书并任过教的隆昌中学（当年的隆昌女子学校）和成都商务职业学院（当年的四川省立成都女子职业学校）。

即便到了六十几岁，张振华也不愿意让自己闲下来，一生勤勤恳恳、兢兢业业的她还是想在有限的生命里再多做一些实事。1956年3月，她任成都市人民政府参事室正局级参事，积极参政议政，通过调查研究，对成都市政府的工作提出许多建设性意见。由于她工作出色，1983年被推选为第八届成都市政协委员，1988年她又荣获成都市“老有所为”精英奖。

竭尽全力帮助革命同志

张振华在法国里昂大学理学院准备博士论文时，认识了一位也在写博士论文的里昂中法大学学生张玺。课余闲暇时，张玺经常给张振华讲述十月革命的经过和一些马列主义知识，并根据当时国内情况，坚信“只有共产党才能救中国”，他的话让张振华刻骨铭心，之后她竭尽全力地帮助过一些革命同志。

1935年，张振华担任场部意大利顾问马利博士的助理兼翻译，由于马利每周六都要从南京去上海，张振华也会陪同前往。到了上海，她都会抽点时间去看望当时任上海法学院院长的郑毓秀。

有一次，在郑家的客厅里，有一位青年多次向张振华打探吴玉章的消息，一会儿问“你认识吴玉章吗？他同你是什么关系？”一会儿又问“他来不来你们的家？”后来青年又问：“吴玉章是不是共产党？”这句话让张振华产生了疑心，她理直气壮地回答道：“马列主义是一门新的社会科学，好多学者都在研究。研究马列主义不等于就是共产党。你问这些干什么？我有事，失陪了。”说完便起身走出客厅。

张振华午饭后赶紧回到南京，和丈夫刘厚商量后，两人一同拜访吴玉章，劝吴老暂时离开南京避避风头。第二天清晨，她借用蚕桑改良场那辆因为挂有意大利国旗而军警不会检查的小轿车，亲自把吴老送到上海，将他安排在自己平日在上海的住处，并请郑毓秀关照吴老的安全。暂避数天后，吴老被转移到更安全的地方，“他完全无恙，我也放下了心”。[①]

在抗日战争和解放战争期间，张振华在生活上备尝艰苦。20世纪40年代末期，丈夫刘厚决定前往台湾，多次请求张振华和他一起走，而民社党四川省主任委员张凌高也动员她去台湾，许诺可以介绍她乘坐航空委员会的搬家机，可张振华都斩钉截铁地拒绝了：“我对国民党早就没有好印象了，我是不会去台湾的，我就留在成都，等待解放。”

---

① 张振华：《共产党政策好，人心思留思归》，载成都市人民政府参事室编《蜀都春晓：蓉参史料专辑》，1989年8月。

养生之道：遇事莫恼，健身常搞

2004年，满头白发、面色红润的张振华在她的寿宴上和大家分享了自己的长寿之道："早晨吃好，中午吃饱，晚上吃少，遇事莫恼，健身常搞。外加每天早上一杯蜂蜜水。"同时心态要平衡，会处理矛盾，心里不装事。

法国思想家伏尔泰曾经说过"生命在于运动"，这是张振华特别欣赏并身体力行的一句话。在法国留学的时候，她经常参加登山活动和游泳来锻炼身体，以保持充沛的体力来学习和工作。回国后，她不管在浙江大学还是四川大学，都坚持在校园里早上做操和晚上散步的好习惯。1956年，六十二岁的她学会了打太极拳，每天一大早就去人民公园打太极，一直打到上午九点才回家，晚饭后依然坚持去公园散步一个小时，二十多年不变。1978年，她搬到水碾河居住，那时附近没有什么公园，她就在阳台上打太极，晚饭后依然去楼下的林荫道散散步。

作为一位科研工作者，即便年事已高，张振华在世的时候依然保持着规律、严谨而有节制的生活，早晨七点起床做操，晚上十点睡觉，饭后听听新闻和音乐。她的饮食一直都比较清淡，每日三餐吃少量的面食和米饭外，从不吃动物油，也不吃辛辣的或肥腻的食物，菜类主要是以新鲜蔬菜为主，早起后和临睡前还要喝杯蜂蜜水。晚餐的时候，张振华喜欢喝一杯红葡萄酒佐餐，这是她在法国留学时就养成的习惯。

每天午睡之后，张振华都要约几个老伙伴打两个小时的"养生"

麻将，她并不觉得麻将是陋习，“对于老年人来说，打麻将是很好的脑保健操。你们看，‘搓’是‘扩胸运动’，‘打’是‘脑力运动’，不仅锻炼了头脑，还锻炼了手，何乐而不为呢。”

跨越三个时代，张振华的一生经历了无数波折和坎坷，可是她把这些辛酸往事都看作过眼烟云。“我这一生中受过磨难不少，能活到现在的高寿，最重要的一条就是心里不搁事，也就是遇事不苦恼。试想人生一辈子哪能不碰上许多麻烦事、忧心事，甚至悲伤事。如果事事都往心上搁，自己不能设法化解，肯定要大伤身体。”她说，“我好就好在遇上这些问题、矛盾，能解决就解决，实在解决不了，就把它放下，最后抛到九霄云外。再说心里不搁事，心灵就会平静，精神自然清爽，肢体才会正常运转，才能少生病或不生病。人老了更要多想开心的，自寻乐趣，心中不顺事，千万不要自找苦恼，忧思最伤身体!”[①]正是因为如此的乐观开朗、宽厚豁达，张振华的晚年生活过得宁静而美好，健康而快乐，虽然耳朵有点背，但依然思维清晰，健谈风趣。

---

① 张国勋：《一百一十岁老寿星谈养生之道——访成都市政府参事张振华博士》，《养生大世界》2003年第6期。

陶亮生：春风化雨，不悔儒冠

临锦江而立的崇丽阁一共四层楼，下面两层四方飞檐，上面两层八角攒尖，翘角飞檐，红柱绿瓦，鎏金宝顶，使整个楼阁既雄伟壮丽，又秀丽玲珑，是望江楼公园内著名的古建筑之一，也是成都市的一座标志性建筑。崇丽阁建于清光绪十五年（1889），是为纪念唐代著名女诗人薛涛而建，因此它所在的望江楼公园吸引了无数省内外游客前来观赏。1980年春节期间的一天，崇丽阁一楼里三层外三层地挤满了游客，只听得人群中有一个洪亮的声音响起："这个崇丽阁的名字，其实来源于西晋左思《三都赋·蜀赋》中'既崇且丽，实号成都'之名句……"原来是一位精神矍铄的白发老人带着从外地来探亲的两位孙女，正在绘声绘色地给她俩讲崇丽阁的历史故事，介绍成都

▲ 陶亮生与夫人周兆蓉数十年风雨同舟，相敬如宾。　陶映宇供图

的历史文化，因为讲得太精彩，吸引了其他游客跟随旁听。

“当时，我们身边一小会儿就围满了游客，都是来听爷爷讲望江楼的诗词楹联和历史掌故的。”今年五十五岁的陶映宇回忆起当年的那一幕依然历历在目。不过，如此听众满堂的情况对于爷爷陶亮生而言，并不陌生。作为当时蜀中著名的教育家、国学家、诗人和楹联家，不管是在中学教室还是大学讲堂，每逢他上课，教室内外都站满了人。

当然，大多数游客并不知道，他们刚刚经过的望江楼公园大门两侧朱柱上的长联：“少陵茅屋、诸葛祠堂，并此鼎足而三，饰崇丽，荡涟漪，系客垂杨歌小雅；元相诗篇、韦公奏牍，总是关心则一，思贤才，哀窈窕，美人香草续离骚。”也正是这位老人所题写。

传道授业解惑是终生使命

“三年之间，陶铸恩深，同班四十余人，一时秀出，皆先生化育之功。”曾在高中和大学时代均受教于陶亮生的李国瑜[①]一直都记得老师在课堂上的风采，“先生在教学中，词采纷披，气韵高华，引证博洽。听课诸生，如坐春风，如饮醇醪，潜移默化，成绩斐然。”1933年，他考入成都县中高中部，由陶亮生负责教授史汉、

① 李国瑜（1916—2005），四川成都人。毕业于华西大学中文系，历任华西大学、四川师范大学、西南民族大学副教授、教授，著有《清诗》《清代诗史》《戏曲史》《中国要籍介绍》等。

六朝、唐宋以至明清文学；1936年秋考入华西大学中国文学系，再次得到陶亮生的教诲。那时虽然战火纷飞，日机频繁轰炸成都，但师生们依然讲习不辍，坚忍不拔。

▲ 陶亮生与夫人周兆蓉　陶映宇供图

陶亮生一直对子女说，我是一个教书匠，传道授业解惑是终生使命。他十七岁中学毕业担任荥经县高小教师，二十二岁大学毕业后先后在华西大学、四川师范大学、西南民族大学等高校担任教授、指导教授，并在成都石室、树德、省成、培英等中学执教，以真才实学驰骋教坛数十年。他因长相白皙俊美被誉为“白将”，与之媲美的是同班同学、江安才子文百川先生，同样才气纵横，誉满教席，因肤黧黑被誉为“黑将”，他们的故事一时被传为美谈。

1922年，陶亮生还在读大学四年级，成都宾荫公学国文教师张秀熟先生因故离校，由于当时学生年龄偏大者居多，国学基础较好，频频向教师提问，学识不广的教师很难应对，换了好几位教师都无法胜任。正好有老师推荐了陶亮生，饱读诗书的他一登堂授课，便可随口答问，授课精彩，谐趣横生，让全校师生为之折服，从此名声大噪。

大学毕业后，陶亮生由于品学兼优，由当时北洋政府中央教育部公费派遣，赴北京、天津、上海、武汉等市考察观摩教学，他的老师林思进特意为他赋长诗一首，以壮其行，期待他在国家动荡时代以教育救国。陶亮生在上海考察期间，被上海浦东中学礼聘执教，还未到校，就收到母校高师急电：成都高师升为四川省立高等师范大学，母校想聘他为讲师，教授古典文学。陶亮生二话不说，选择了留在母校任教。

由于有着深厚的古典文学功底，陶亮生所授课程涵盖经、史、子、集及《说文解字》，对《昭明文选》尤深有研究，旁及诗赋辞章，无所不精。他在教授《哀江南赋》一文时，教室内外，虽人满为患，但寂无声息。在课堂上，他谈吐机趣隽永，板书清晰隽秀，令人忘倦；对于执经问难的学生，他必引经据典，深入浅出把问题讲解得鞭辟入里；在课后，他批改学生作业总是循循善诱，既快又准，切中要害，学生无论程度高低，皆获益匪浅。每当他上课时，其他班次甚至连教师也静立窗外，全神贯注，凝神屏息做笔记。抗战爆发后，他和其他志士仁人一样爱国忧心，时时对学生晓以民族大义，鼓励学生树立中国不会亡的必胜信念。而时至今日，他教过的学生还对其讲课的特色仍记忆犹新、赞不绝口。

从20世纪30年代起，陶亮生逐步将精力集中于高校讲座，主要培养研究生，比如对其研究生之论文命题，能搜到者凡三例：一为《〈史记〉〈尚书〉学通诠》，一为《〈汉书〉改〈史记〉评》，一为《魏晋六朝姓氏门阀考》，均有相当难度，借此启发学生独立思考，培养独创见解，使人才脱颖而出。向楚担任公立四川大学中国文学院院长时，曾想聘请林思进讲授《史记》，但当时林思进年事已

▲ 民国十三年（1924），成都高师暑假补修学校教职员摄影纪念。 陶映宇供图

高，精力不济，便推荐了自己的得意门生陶亮生，那时的陶亮生才三十岁出头，登台讲《项羽本纪》，继承师说，深得学生欢迎。

考古学者于豪亮[①]曾经称赞陶亮生是影响他一生的老师。1942年，于豪亮考上树德中学，在那里得到了陶亮生老师的教诲，被他渊博的学识所打动，一起跟着他徜徉在历史文献的长河中，遍览二十四史、《资治通鉴》等史籍。20世纪五六十年代，陶亮生一家生活极其窘迫时，同住上升街的于豪亮还常常邀请老师来家里吃饭，或者买上一包花生米、一些卤菜去陶老师家，师生二人一边喝酒，一边探讨学问。

① 于豪亮（1927—1982），四川成都人，毕业于四川大学，先后任职于四川省文物管理委员会、四川省博物馆、国家文物局古文献研究室。

1943年，成城中学校长因挪用学生膳食及学杂费，从事经商，亏空破产，市教育局准备关闭该校，师生有失业、失学之忧。该校长几度登门恳请陶亮生出任校长，均拒不受。后来有一天中午，陶家门外突然鞭炮齐鸣，师生再次登门邀请，陶亮生只好答应。

中午刚办完学校的交接手续，下午全校的伙食问题就摆在了陶亮生的面前。庆幸慈惠堂总理尹仲锡赶紧派人用鸡公车送米过来，解了燃眉之急，之后陶亮生的姻兄见三先生贷法币（当时的币名）二十万元维持学校开支，陶亮生又将家产作抵，向成都通汇银行贷款，才终于渡过难关。

他大力整顿教学，聘请了很多名师执教，尤其是刚好河对面就是四川大学，得以请了部分大学教师来校兼职。不到一年，学校重新恢复生机，升学率得以逐年提高，跻身成都名校之列，以名人办校、治学严谨的崇高学府著称。随着学生的增多，学校收入也跟着增多，还清债款后还得以扩建校舍，改善环境，学校的面貌彻底改观。

以诗记事，与古为徒

“国朝谋略无双士，翰苑文章第一家”，这是明太祖朱元璋于洪武二年（1369）赐给陶亮生先祖的一副春联，并命将其刻在大门上。陶亮生的祖籍在安徽省当涂县，其先祖文靖公（名安）曾是朱元璋提兵南下时非常尊重的一位先生。

清嘉庆中叶，陶家祖先被调往云南阿迷州担任知州[①]，随军平叛，后因政务、军务过于繁忙，积劳成疾，死于任上。后人原本打算将先祖的灵柩送回故里安葬，走到四川省荥经县时盘缠已尽，见此地山川灵秀，风物宜人，索性买下一座山，置田造屋，经过两百多年终成荥经大族。

陶亮生的爷爷敏斋公曾担任县典史，为人廉洁，乡望甚高，终身清贫，因此，儿子初识文墨便弃文经商。陶亮生的父亲仁山公一直对少年失学一事心怀遗憾，于是情愿自己节衣缩食，也要支持儿子陶亮生的求学之路。陶亮生一直都记得自己在成都读书时，在一个冷风冷雨的寒冬之夜，父亲敲门而入，当时邮汇困难，他只能将银圆捆在身上亲自上省城带给儿子。

1900年出生的陶亮生从小就天资聪慧，刻苦好学，从未辜负过父亲的厚望。他五岁时受教于启蒙老师米有年先生，遍读《十三经》；十三岁以第一名的成绩考入四川省立第一中学，读书期间成绩一直高居榜首，由学校免去学杂费。1917年，他中学毕业后返乡休息一年，荥经县当局聘他为劝学员并担任县高小的教师。1918年，他再次回到成都，考入国立成都高等师范学校国文部，四年成绩名列第一，由于深受校长吴玉章的器重，被任为学长（即今学生会主席）。

陶亮生少年饱学，文章焕彩，深得五老七贤的青睐，与徐子林、赵尧生、尹仲锡、向仙桥、曾焕如、刘咸荥、林思进诸老，既有师生之谊，又属忘年之交。陶亮生说："我一生品行为人，多得力于徐休

① 阿迷州，今云南省开远市，明属云南省临安府。知州，即各州行政长官。

▲ 1981年夏，富顺杨续云邀八十岁以上好友江陵张圣奘、奉节邱翥双、蓬安魏时珍、内江韩文畦、巴县傅渊希、长宁梁伯言，以及宽霖法师与陶亮生，宴集文殊院，结成九老会，互为唱和之作，每人生日均集会一次，编入《九老唱酬集》，传为美谈。前排左起：魏时珍、张圣奘、邱翥双、韩文畦；后排左起：梁伯言、杨续云、宽霖法师、傅渊希、陶亮生。 陶映宇供图

老、尹仲老，而文学辞章则得力于林山翁。”大学期间，为了潜心学习，力求进取，陶亮生在寒暑假时多留在成都。徐子林先生特别关照他，破例让他寄宿在藏书万卷的六先生祠，这里环境幽静，陶亮生读书更加精进，学术积淀也愈发深厚。

在陶亮生长子陶大年的记忆中，“父亲这一生，最看重他的诗人身份，他认为写诗是创造性的劳动”。陶亮生一生以诗赋来记录生活点滴和感悟，“每一落笔，如飞雪迴风，天花散落；音节隽美，气

韵清高；灵心善感，一往缠绵。中年所作，多为歌行近体，风格颇近元遗山、吴梅村，宛转长吟。”[①]他曾经积诗数千首，分集十余册，却于战乱中遗失手稿，之后他并没有停止过吟诗作赋，却因为种种原因，流传下来的只有极少数。他尤擅对联，情切意赅，格高词雅，常有景区前来索要，目前手稿留存有二三十幅，刻在如杜甫草堂、平武报恩寺、新都宝光寺、都江堰、青城山等风景名胜之地。

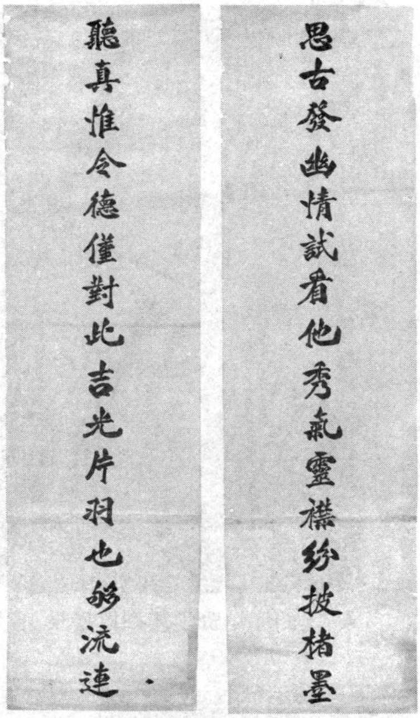

▲ 从陶亮生旧居找到的当年望江公园南门楹联的手稿　陶映宇供图

1957年，陶亮生被错划为“右派”，白天在街道工厂劳作，晚上回到陋室，仍然坚持在微弱的灯光下，用蝇头小楷先后工工整整地写下二十卷《仪礼古名今晓》（后遗失一卷，目前存十九卷）和六卷《四库馆贤学艺指授纂录》。虽身处卑微也未敢忘忧国，他担心后生学子将来读不懂传统文化的经典长卷，虽家徒四壁，无处可借阅史籍资料，他凭着童子功和半生的学术积累，为儒家经典《仪礼》这部极其深涩难懂的礼仪大书写出二十卷导读，利用从街道工厂小心收集来

① 李国瑜：《复丁烬余录》序，载陶世杰著《复丁烬余录》，黄山书社，2010年6月，第1页。

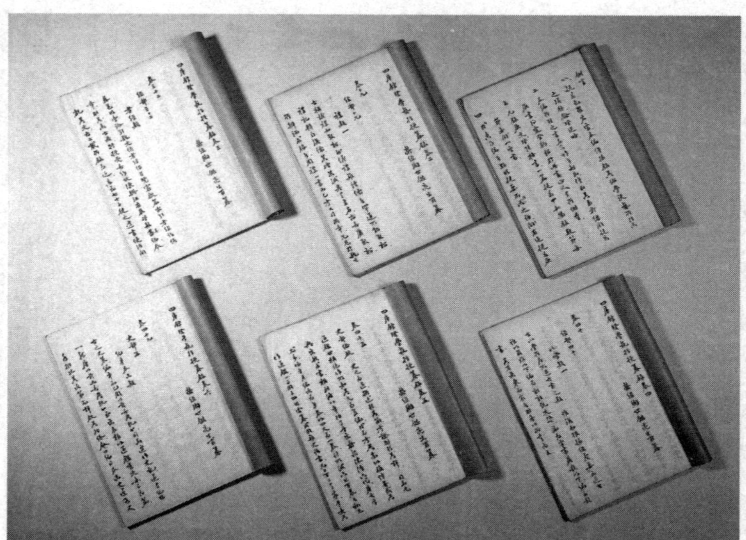

▲《四库馆贤学艺指授纂录》手稿　陶映宇供图

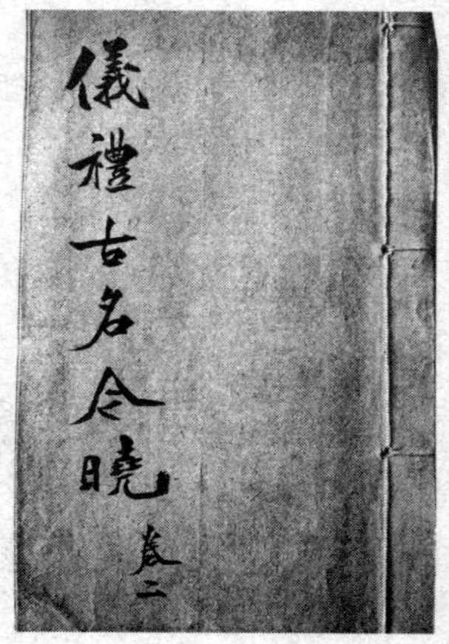

▲《仪礼古名今晓》手稿
陶映宇供图

▲《四库馆贤学艺指授纂录》手稿　陶映宇供图

的废弃毛边纸精心装订成札。

“他太爱祖国文化了，特别担心后人读不懂父书，他的手稿每一张都是条理清楚、工工整整的楷书法帖。”不管身处怎么样的环境，陶亮生始终对传统文化保持着炽热的赤子之心，正如他1977年所写的《感事》：“我比少陵尤傲兀，误身从不悔儒冠。”

平反昭雪后，陶亮生已是八旬老翁，仍然积极参加各方组织的活动，担任成都市第六、七、八届政协委员，地方志编委，市教育局顾问等，经常应邀作古典文学方面的学术报告，并为保护成都市文物古迹亲自了解、积极撰写文史资料，留下了《五老七贤亲炙记》《蜀中联语偶谈》《成都街名琐记》等记录成都近代地理历史及文化生活的文章。

1984年端午节，陶亮生扶病参加政协座谈会，以古音韵朗诵《楚辞·九歌》《湘夫人》，并作生前最后一首七律，诗云：“国危先掷不赀身，留与人间作令辰；黍角九渊同吊屈，苍头三户卒亡秦。诗骚何止关兴废，阛阓愁闻诉苦辛；今日上元新甲子，更从景运念波臣。”同年7月，陶亮生病逝于华西医学院附属医院，终年八十四岁。

曾织辉：身上的伤疤，就是我的勋章

八十多年前，面对日军的野蛮侵略，全国各族人民和港澳台同胞、海外侨胞团结一致，义无反顾地投身到这场关系民族生死存亡的伟大战争中。广东人民抗日游击队东江纵队，是战斗在华南敌后的一支中外驰名的抗日游击队，这支由工人、农民、知识分子、港澳同胞和海外华侨爱国青年组成的人民抗日武装队伍，在我国抗日战争和世界反法西斯战争中发挥了重要的作用，成为广东人民解放的一面旗帜。家住成都市双林社区的曾织辉曾是东江纵队的一员，也曾和战友们一起在东江两岸与日军血肉相搏，保家卫国、抵御外侮。今年九十六岁的他依然精神矍铄，无比自豪地说道：“我在战场上受过三次伤，我所受的伤，无论是身上的也好，腿上的也好，我感到很光荣。我身上的伤疤，就是我的勋章。”

▲ 九十六岁的曾织辉依然精神矍铄，回忆起那些峥嵘岁月时，他的眼神里迸发出别样的光彩。 舒欣摄

▲ 曾织辉的家里有很多纪念勋章，这些勋章见证了当年的革命岁月，被他视若珍宝。 舒欣摄

子弹打穿了我的身体

“我是自己悄悄去参军的，家里人不知道，村里人也不知道。”曾织辉出生在广东省惠阳市淡水镇古屋村的一个农民家庭，因为家里穷，他十三岁才上小学。1938年10月，日军侵占惠阳重镇淡水，所到之处烧杀抢掠、无恶不作，老百姓的猪马牛羊和粮食也被日军抢光。那时，学校的老师常常在课堂上教授抗日革命歌曲，比如《大刀进行曲》《毕业歌》等，“我们唱到高潮部分时都很激动，老师也经常夸我们。”曾织辉被这些激情澎湃的歌曲所感染，“后来我也因此受了启发，想要上战场去打日本鬼子，但是参军这事不能公开，如果被国民党知道了，就会威胁我的家人。”

1944年，曾织辉和村里的几个人在地下党员的安排下，秘密参加了淡水镇的抗日游击队，经过一个多月的新兵训练，他成为高健[①]大队的一名班长，又因为英勇矫健、身手敏捷，被左邻右舍称为“打仔”。“我刚编入部队的第二天就打仗了，是去澳头打一个据点。”曾织辉还记得自己的第一次战斗，“当时我连枪都没有，就赤手空拳跟着高队长，我一心想从日本鬼子手里缴支枪的。”这场战斗由于日军火力更强，高健队长便下令撤退。“其实我不想走，因为没有缴到枪，不过高队长说命比枪重要，我们就跑回了惠阳。”

后来，曾织辉所在的游击队被编入广东人民抗日游击队东江纵队第五支队，曾织辉被编到警卫排，支队长曾秀发了一支很旧的老式步枪和二十发子弹给他，“有枪之后，我们经常利用晚上去偷袭日本鬼子，那时澳头、惠阳、龙岗、南山都有日本鬼子的据点，很多次抓住他们换岗的机会，袭击他们。”之后，英勇善战的他先后担任过广东江北人民自卫总队太平洋武工队队长、飞龙队（主力中队）队长，粤赣湘边纵队东江第二支队第二团队第一营营长。

曾织辉第一次受伤是在攻打日军的战场上。1944年8月，刚刚参军没多久的曾织辉跟着战友一起进攻日军占领的一座建筑，“我们还没冲进去就被日本鬼子发现了，他们从后门偷偷爬上楼，往下扔手榴弹，手榴弹的弹片炸到我的胸口，还好不算特别严重。”

还有一次受伤是1946年东江纵队北撤之后，曾织辉作为干部之一，带领部分地方武装人员留在新丰县坚持隐蔽斗争，在一次斗

① 高健（1915—2003），原名高潭珠，广东惠阳淡水人，1937年七七事变后，弃笔从戎。曾任广东人民抗日游击队惠阳大队大队长、东江纵队第七支队支队长，1974年任江西省军区副司令员。

争中，曾织辉的右胸一不小心中了一枪，幸运的是，子弹并没有打进他的内脏，只是擦伤皮肉，流了不少血，“我的手一下子就没劲了，甩手榴弹都甩不动，我赶紧问身边的通讯员打穿没，通讯员说没有打穿”。

“最重的伤口是在大腿根部，子弹打穿了我的身体，到现在都还能看见那三个伤疤。”1945年7月，曾织辉作为小队长在广东省翁源县参与攻打黄堂楼。当时，地方反动武装胡明中队驻扎在翁城黄堂楼，黄堂楼的建筑高大坚固，不易攻打。东江纵队独一大队经研究决定利用黑夜接近黄堂楼，并在黄堂楼的前后门事先埋设地雷，等地雷炸开缺口后，便趁机向敌人发起攻击。

战斗打响后，前门的地雷按时爆炸，曾织辉带着一个小组冲了进去，“没想到后门的地雷没有爆炸，敌人在房间里架好机枪对着大门开枪，铛铛铛地打，一下子就倒下十几个人，我们当时五个人受伤，还牺牲了两个战士。”曾织辉回忆着那场七十多年前的战斗，心情有点沉重，“那场战斗，很残酷。要是后面那个地雷响了，我们从前面进就不会……我的腿也就是那时被打伤的，受伤之后，又打了不到半个小时，敌人就投降了。”

那时，部队还没有专门的医院，只是在深山里找了一个比较隐蔽的山沟，由两名医生带着四位护士，在当地老百姓的帮助下扎起了一个简陋的医院，没有麻醉药，连简单的消毒药品都很少见。“我腿上那个打穿的伤口，他们就用纱布沾了盐水一点点儿塞进去，然后第二天又慢慢把纱布拉出来，再用盐水清洗，又塞进去，就这样反反复复来避免伤口感染。”在如此艰难的条件下，曾织辉的伤口出现了中间化脓的情况，由于两端伤口已经缝好，医生不得不又切开一处进行处理，最后留下了三个伤疤。

在医院的日子过得极其艰苦，粮食、蔬菜和药品全部依靠村里的地下工作人员送过来，有时村里的老百姓也会把家里珍藏的食物送给他们。“没有饭吃的时候，我们里面那些受伤轻点的、可以动的战士就到山沟里面去逮山蛤蟆弄来吃，还有就是扳竹笋，剥干净后烧一锅水，把竹笋削进去，煮熟后大家就捞来吃。”除了物资匮乏之外，敌人还会时不时来偷袭医院，他们也被迫转移了四五次，最后一次差点被俘虏。曾织辉在医院住了半年多，腿伤才基本愈合，“但是走路还是不行，还要一蹦一跳地走。”

子弹打到水里像下雨一样

“过去打仗很辛苦，一个礼拜就加餐一次，每个人有四两猪肉，平时就只有蔬菜这些。要是打起仗来，你追我打的，有时候打仗都打到几百里以外了，一个礼拜都吃不到饭，就只有自己去山上找点野菜吃。”尽管当时的生活条件非常艰辛，可各界民众依然万众一心、浴血奋战。“我们在抗日战场打了一年多，后来就是解放战争，不仅要跟国民党打，还要和土匪、国民党自卫队、反动乡长这些做斗争。”英勇善战的曾织辉参加了无数场战斗，他曾作为太平洋武工队队长带领队员突袭严层乡公所，当场擒获反动乡长余汉仁，就地枪决；曾率领武工队闯入敌人心脏新丰城，处决敌军连长罗某，缴获驳壳枪一支，并散发大量总队传单，戳穿了敌人“新丰已无红军，只有土匪”

的谣言；曾和突击队一起冲上翁源李村乡公所，生俘乡长、自卫队长等40余人，缴枪50多支，出仓谷3万余斤……

国民党长吉区区长、新连边区“剿匪”办事处副主任兼百叟乡乡长欧阳平章一贯鱼肉乡民、横行霸道，他曾组织反动武装配合国民党教导团扫荡洗劫马头圩，使福水、军屯、羌坑、乌石岗等地遭受劫难，人民对他恨之入骨。1946年8月，为了惩处欧阳平章，太平洋武工队队长曾织辉奉江北人民自卫总队命令，率队员5人，化装成赶集的农民进入百叟街，在福水地下党员李阳照的配合下抓获了欧阳平章，并当场宣布其罪行，就地枪决。“老百姓都高兴得很，当天百叟、马头两街场的烧酒、猪肉卖得精光，大家像过节一样开怀畅饮。”身为军人，能够为民除害，曾织辉也觉得特别开心。

1947年8月，总队李峰、曾启明带领一个中队武装押解俘虏余杏初、余仁三，驻扎在黄惊卵村，原本这个村子前有大江天险，后有巍峨高山，是个非常安全的地方。没想到村民严亚姐竟然偷偷将这一消息告诉国民党乡长古仿泉，他们计划联合驻河源一营的军队和锡场反动武装一起袭击黄惊卵村。29日下午，敌军由锡场区举林乡乡长梁云初派人带路，翻到了人迹罕至的背后高山，由于敌军不知道情况，不敢贸然进入村子，于是他们一到半山腰就开始向村中疯狂射击。

“那时我是中队长，我派出一个班在左边山丘顶火，然后我带着主力向江边撤退，准备渡江向朱坑转移。”等到了江边一看，曾织辉和战友们都傻眼了，平日里老乡们用的渡船此时偏停在河对岸，而河水一丈多深，水流湍急。“追兵在高山，前面是一条河，退又退不出去了，我们那时有八十多个人呢，大多数战友都是山西人，根本不会游泳，我从小就是在沿海长大的，游泳我是相当地好。”他二话没说脱掉衣服，把手枪装在袋子里收好，沿着河边走了一百多米，然后纵身跳入河中。

半山上敌人的机枪一时间打得噼里啪啦，集中向江边开火，“子弹打到水里像下雨一样，但都没有打着我，因为我游得快嘛。”曾织辉回忆起这段往事时特别自豪。他游到船边后赶紧上船，要求船家赶紧开到对岸，渡船往返两次，奋力将主力队所有人员全部顺利渡到对岸。

▲ 1950年，广州，粤赣湘边纵队战友合影，左三为曾织辉。 曾织辉供图

由于主力队之后的李峰和后勤人员没有跟上，担心他们遇上敌人撤退不及，等到一上岸，曾织辉和战友们又占领了附近的一个小山坡，架好钢炮和迫击炮，继续和对岸的敌人展开激烈的枪战，阻止敌人进村，“我带着大家打到五点多钟，由于路上没有可以遮挡的，追兵也不敢下来，后来我们就撤退了”。

第二天，曾织辉听说敌军在他们撤退后下到村子，把村子十多户人家的猪牛羊鸡等通通杀来吃掉，甚至连花生都没有放过，他带着部队回到村子，安慰老百姓，并承诺今后部队会慢慢补偿他们。而他们随后与后勤人员在朱坑顺利会合，“团长政委见到我们很高兴，赶紧问我们有没有损失和牺牲，我说没有，一个损失都没有。领导高兴地说，好，杀猪，今天加餐。那一次战斗以后，团领导都表扬我，还通报全军，号召全体指战员向我学习。”曾织辉说起这场战斗时，满是骄傲和自豪，他反复强调着“一个损失都没有，一个损失都没有”。总队因为这次黄惊卵飞渡脱险，特授予曾织辉“突击英雄”称号。

新中国成立后，曾织辉在广州公安总队担任一团二营营长，1952年10月就读于中南军区速成中学。1955年5月，他离开广州，先后在湖北、辽宁、四川等地工作，1983年于航空航天工业部驻成都市408仓库离休。他现在还常常会回到广州，和以前的老战友聚上几天，一起聊聊当年在枪林弹雨里的勇往直前和生死离别，“现在很多老战友基本上都没有啦，很多老战友一个一个都去世了”。

罗俊德：战场上的生死，哭都哭不完

抗日战争期间，四川约有三百五十万军人出川参战，在全国抗日军队中，每五六个士兵里就有一个四川人，可以说无川不成军。[①]在那个战火纷飞的年代，川军将士有的东出夔门入洞庭，有的越巴山翻秦岭赴关中……他们虽然武器简陋、草鞋单衣，却依然艰苦卓绝地越打越强，他们走过千山万水，驰骋南北战场，为国家遍洒热血。1923年出生的四川乐至县人罗俊德，也曾参加到这场战争中，虽然参军的时间并不长，九十多岁高龄的他依然精神矍铄地为我们讲述了他所亲历的那段峥嵘岁月。

▲ 九十六岁的老兵罗俊德与“抗日老兵 民族脊梁”锦旗合影。舒欣摄

1942年，罗俊德才十九岁，乡里见他平时很好学，就让他去参加培训，没想到他考试还考了个第一名，乡长倍感欣慰，想把这个优秀的小伙子留下来工作。“我一听到说要留在乡上，心里才不是个滋

① 郑光路：《被遗忘的抗战史：四川大抗战》，四川人民出版社，2015年6月。

味。”罗俊德回忆道，“那个时候乡上污得很，就是当个甲长都不得了，成天到处跟人说我老婆好久过生，我父母好久过生，就是巴不得大家不停地去送礼。我不愿意待在这种地方。”再加上罗俊德家里一共三兄弟，大哥早就去世了，二哥已经结婚生子，家里也没有什么人脉关系，他想着反正自己还是个单身汉，不如去当兵，省得万一征兵征到二哥头上。

应征入伍后，罗俊德参加了一段时间的军训，便跟着部队从成都出发，翻山越岭前往河南。当时行军的条件极其艰苦，每个人都要背着重达几十斤的枪支、棉被、米袋等行囊，每天几乎都是天不亮就出发，常常在雨水和泥泞中不停地行进，草鞋很快被磨烂了，“没有钱买草鞋，就只有光脚板接到走”。走得常常都是一身汗，既不能洗澡，也没有换洗的衣物，士兵们有时走到街上，身边的老百姓都捂着鼻子走过去，“我们也没得法啊，当兵的哪里洗得到澡嘛，衣服上到处都是虱子，抓都抓不完”。

有时为了躲避敌人的轰炸和偷袭，部队还不得不晚上行军，同时，他们还受到营养不良、饥饿和疾病的严重威胁，队伍里的人眼睁睁看着越来越少了。“我们是打谷子之后出发的，8、9月的样子，队伍才走到广元，就死了不少人，有些累死的，有些饿死的，有些病死的。”那段艰难的日子，对于罗俊德来说至今都历历在目，“后来我们走到陕西一带，那些陕西部队都冲着我们竖起了大拇指，说你们川军简直太厉害了，我们两天的路程，你们一天就走完了。”

历经四五十天长途跋涉，关山四千余公里，罗俊德和战友们终于到达了河南省新安县，被分配到第三十六集团军第四十七军一七八师五三二团服役，他因为读过一点儿书，算是文化人，被分到卫生队，负责协助医生开展医护工作。当时三十六集团军的总司令为李家钰，其总部驻扎在新安古村，第四十七军军长由李宗昉担任，一七八师师长是李家钰的胞弟李家英，而罗俊德所在的部队则在孟津一带沿河防守。

由于李家钰这支部队属于地方军，并非蒋氏嫡系，一向遭受歧视，每月军饷很少按时发放，总是一再拖延，不仅军事装备落后，官兵的生活也极为艰苦。虽然身在卫生队，罗俊德自己都生病了，也没有药吃。有一次他发高烧，因为没有药，听有人说牛屎退烧，战友们就去弄了个碗，捡了点牛屎，又去河沟里面舀了点水，搅拌了几下，“想起都有点喝不下去，可是当时没有药，我也就一咬牙，喝下去了。”想起这段往事，罗俊德苦涩地笑了，“还有个副团长生病了，非要喊我们医生给他打针，我们哪里有药嘛，医生就拿了点蒸汽水代替。”

平时，罗俊德和战友们都住在窑洞里，没事的时候就会一起去地里采蔓菁[①]，“那个时候粮食根本不够吃，只有自己去找点吃的”。部队大多数都是喜欢吃辣的四川人，曾有一个士兵太想念家乡味了，就跑到当地农民的田里摘辣椒，被主人发现后闹得总部也知道了，而李家钰对部队的管理非常严格，下令马上枪毙。

在战场上，生生死死成了最常见的事情，罗俊德也曾有一次与死神擦肩而过的经历。有一天他想去位于河边的营部找老乡，那时他刚

① 蔓菁即芜青，河南人称为蔓菁，俗名大头菜，块根熟食或用来泡酸菜，或作饲料，高寒山区用以代粮。

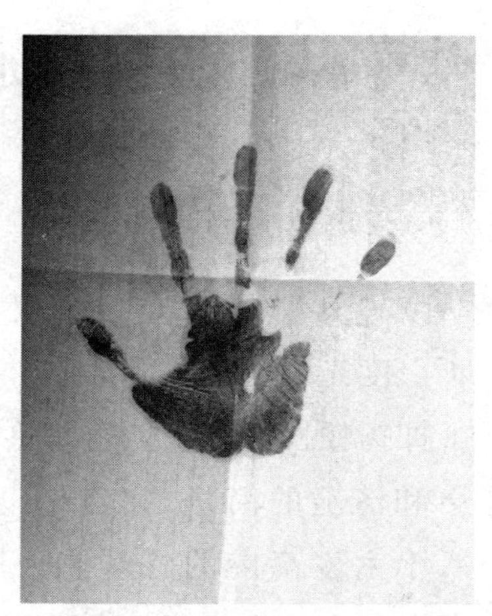

▲ 罗俊德的手印被印刻在建川博物馆的手印碑林广场　舒欣摄

到前线，还没有什么经验，就一个人愣头愣脑地跑过去了。“我当时是觉得好奇怪，河那边别说看不到人，连猪狗牛羊都没看到一只，只要是活物都没有看到。”到了关卡，有人问他从哪里来，有没有看到日本人开枪，问得罗俊德一头雾水，后来他才知道当天清晨，一个远处的日本人趁有个班长换班时直起了身，用枪射伤了他。“那次也是命大，那些战友还开玩笑说，我走过去的时候怕是日本人在打瞌睡哦。”罗俊德的声音一下子低沉起来，叹了一口气，“哎，战场上看了不少生死，哭都哭不完，日子还是得继续过下去。”

半年后，罗俊德跟随着整训部队再次翻越秦岭，回到四川，之后，他在保险公司、银行、旅行社等很多地方都干过，“那时小学六年级都还没有读完，我后来就读夜校，给自己充电。”爱学习、爱读书的罗俊德不管从事哪一行的工作，始终都保持着认真踏实、兢兢业业的态度，常常被评为先进工作者。1985年，退休后的罗俊德和老伴一起搬到水碾河路北社区居住，在这里安享晚年生活。

唐荣基：竹琴即道情，唱尽人间百态

2010年9月22日，“一生在于勤，不白度光阴……”成都体育中心响起了抑扬顿挫的唱腔，合着悠扬的竹琴声和清脆的简板击打声，当时已经八十六岁高龄的竹琴艺人唐荣基一身唐装，斜抱竹琴，右手敲击竹琴，左手击打简板，颤颤巍巍又极其用心地表演着，而王力宏则贴心地拿着话筒放在竹琴边为其扩音。这是王力宏“MUSIC-MAN”世界巡回成都演唱会现场，主办方为了让对民乐情有独钟的王力宏了解四川民乐，特意添加了入选非物质文化遗产的四川竹琴演出环节。

▲ 九十五岁的唐荣基由于身体原因，已经很久没有抱起心爱的竹琴唱几曲了。 舒欣摄

听竹琴听得入了迷

四川竹琴，又叫道情、道琴、渔鼓，是四川民间以唱为主、说唱故事的传统艺术表现形式。[①]最早是由云游道人手持渔鼓在城乡间演

① 牛会娟编著：《张永贵竹琴艺术研究》，巴蜀书社，2011年3月，第1页。

唱以劝善化缘，故称“道情”。竹琴要求的道具很简单，一根竹筒和一副简板即可，场地可大可小、可宽可窄，竹琴艺人可站可坐。弹唱的内容既有正儿八经的竹琴戏文，又有现场即兴的滑稽段子，曲调时而悠扬婉转，时而高亢激昂，唱尽了人间的悲欢离合。以前的娱乐形式比较单调，因此竹琴深得老百姓的喜欢，他们习惯在劳累了一天之后，往茶馆里的竹靠椅上一坐，一边喝茶一边听竹琴，一整天的疲惫便随着耳边的竹琴声烟消云散了。

“小时候一听到打竹琴的来了，我就赶紧跑去凑热闹，哧嘭嘭，咿咿呀呀，越听越觉得有意思。”家住新华社区的唐荣基的老家在泸州，那时经常有打竹琴的道人走街串巷地哼唱着劝人为善的曲目，在茶馆、市集、院坝，都能碰到不少卖艺为生的竹琴艺人，尤其一到节庆或者寿宴之类，大户人家还会请道人去家里表演竹琴。“我就在台下边听边跟着学，多听几回，还记住了不少调子。”他一直都记得有一次父母带他去成都，他在青石桥的茶铺里遇到了竹琴艺人，那次唱的是八仙过海的传奇，下面座无虚席，“太精彩了，听得我简直入迷了。”

唐荣基央求父母给他做了一套竹琴的道具，一有空就自弹自唱起来，有时还自个儿跑去找竹琴艺人请教，很快就熟悉了竹琴技艺。大家都觉得他唱得不错，有模有样的，十二三岁时便开始登台演出。那时因为个子小，他还得搭着板凳登台。后来，由于学业繁重，在家人的要求下，唐荣基不得不放弃了竹琴表演。

1992年，早已退休的唐荣基闲在家里无聊，突然有一天在电视上看到竹琴表演，想起自己曾经心爱的竹琴，便决定重新拾起。他到处找都没有找到卖竹琴道具的店家，后来就买回竹筒、铜铃、土漆、猪板油皮等材料，凭着自己的记忆，亲手制作了一套竹琴道具。

竹筒和简板是竹琴独具特色的伴奏乐器。竹筒，即渔鼓，长三尺、直径二寸，一端用鱼皮、猪小肠膜或者猪板油皮蒙住，演唱者斜抱竹筒，用右手大拇指外的四根指尖拍击下端蒙皮处，发出低沉的嘭嘭声；而简板，则由一对长短不同的竹板组成，演唱者左手夹击分开的两片竹板，两片竹板就会相互敲击，再加上竹板上端的铜铃，声音更加悦耳悠长。竹琴艺人依靠这两样打击乐器营造出来的节奏和氛围，来协助说唱故事的情节展开。

竹琴声韵再次响起，儿时的记忆回来了，自己也有事做了，唐荣基开心得很，仿若重获青春。为了演出，唐荣基还定做了十多套丝绸演出服，单用作演艺的帽子就有二十来顶。每次外出演出时，他都穿戴整齐，身着唐装或汉服，头戴演出帽，给人们留下又古雅又精神的印象。他对表演特别讲究和重视，有时每唱两三支曲子，还要重新换一套演出服。

街头就是我的舞台

“这首竹琴词的名字叫作《沙河颂》，请听我一一唱来：说沙河，道沙河，说起沙河感慨多，河水清清无污染，绿草茵茵满山坡……”唐荣基在沙河边上住了十几年，亲眼看见沙河开展综合整治之后的一系列变化，深有感触，只花了半天时间便自创了这曲《沙河颂》，他深情地演唱道，“原来沙河不像河，成了一条污水沟，草木凋零成荒冢，垃圾遍野堆满坡……新建桥梁几十座，八大景点建沿河，随处都有休闲处，哪里好玩哪里游……”站在沙河边，唐荣基表演得十分投入，引来不少市民驻足欣赏。

为了让更多人了解和关注沙河的变化，“让每个人都知道沙河的美丽，知道成都市政府为人民办了一件大好事”，唐荣基那段时间几乎每天都会去沙河沿岸的公园打竹琴，唱《沙河颂》。

平日里，除了唱竹琴流传下来的古词牌《琵琶行》《声声慢》《杨柳词》等之外，唐荣基更喜欢以身边发生的热点时事、市民生活、公民道德等为主题，编出新的竹琴唱词。从倡导市民戒烟、劝诫世人尊老行孝、宣传道路交通安全，到称赞沙河变化、歌颂改革开放，他一直都心系社会，通过打竹琴宣扬中华民族传统美德，歌颂日新月异的好时代。

“我们也要与时俱进嘛，这些都是老百姓喜闻乐见的身边事，更贴近大家的生活，大家才会喜欢听嘛。以前那些老词牌，好多故事都离人们的生活太远咯，留不住听众。”高中学历的唐荣基一直也喜好舞文弄墨，写起这些新唱词也是得心应手，常常是一两天就可以拿出一篇来，至今已经创作了近三百篇作品。

唐荣基说自己是个民间艺人，“社会就是我的舞台，街头就是我的舞台”。因为家离新华公园比较近，唐荣基在新华公园唱了好几年，其间也常去人民公园、文化公园、文殊坊等地方免费唱给过往的路人，有时，还有一些单位和机构邀请他前去表演。慢慢地，知道他和他的竹琴的人越来越多，他也因此成了成都的名人。

即将消逝的竹琴：好听是好听，却无人来学

随着社会的发展和娱乐形式的多样化，四川竹琴这种慢节奏弹诉故事的表现形式已经不再适合大多数现代人的口味，只有城市和乡村里的一部分老人习惯了听竹琴，舍不得竹琴。于是，爱听竹琴的人慢慢地少了，喜欢唱竹琴的人也跟着逐渐减少，随着那些精通竹琴技艺的老艺人的逝去，竹琴这项民间艺术正在慢慢衰落。

"好听是好听，但为什么就没有人来学呢？"唐荣基从2001年就开始等待自己的"大徒弟"，他希望有人可以把竹琴这门技艺传承下去，"无论男女，只要愿意学，只要自身条件还合适，我都愿意教，不收一分钱。"

2001年12月，唐荣基在接受一家媒体采访时，首次透露想招收徒弟的意愿，报道见报的当天就有二十多人主动来到唐荣基的家中拜

▲ 唐荣基的家里到处都是他以前演出竹琴时拍摄的照片　舒欣摄

师，可第二天人就少了大半，第三天一个学生都没有来。2005年6月，唐荣基在新华公园进行竹琴表演，吸引了电子科技大学的一名老师和四名同学前来学艺，可他们只坚持了一周的时间。

▲ 唐荣基家的客厅墙上挂着自己创作并书写的“不问世间风和雨，手敲竹琴解愁眉” 舒欣摄

竹琴表演看起来简单，但其实并不容易。“演出的时候，你要左手打竹筒，右手敲竹琴，嘴里还要唱词，把这三样搞协调，得有‘一心三用’的本事才学得会哦！”唐荣基一边解释竹琴技艺的学习难点，一边惆怅地抚摸着自己的竹琴，“长期苦练又枯燥得很，没得点恒心和耐心，也学不下来。再说了，打琴现在也赚不到钱，哪个愿意花时间来学嘛。”

尽管媒体曾经多次报道唐荣基独守竹琴的故事，唐荣基趁着自己身体好时，常常靠着步行、骑车和赶公交，去街头和公园各处演出、宣传竹琴。十多年来，前前后后也就来过十几个人想要学艺，其中有大学老师、大学生，甚至还有唱戏的同行，可大多因为种种原因半途而废，没有一个坚持下来的。

如今唐荣基已经九十五岁了，前几年他因为身体原因已经无法出门，就再也没有去公园继续打竹琴了。在他家客厅的墙上挂着一幅由他自己创作并亲笔书写的书法作品：“庚午八月已隐居，修身养性两相宜。不问世间风和雨，手敲竹琴解愁眉。俭朴衣服穿在体，三餐淡饭肚不饥。坐卧仍用旧家俱（具），一室一厅把身楼（栖）。”端庄大方的颜体，字字都体圆而方正，字里行间透出一种正气。虽然他始终没有等来自己的大徒弟，但我们相信，曾经为他“解愁眉”的竹琴，其余音袅袅，一定触动过很多人，一定会回响在他们的心里。

鲁国华：一场精彩却孤独的声音独角戏

▲ 今年已经七十六岁的鲁国华，还是只有他一个人苦苦支撑和守护着四川相书这一民间艺术。 舒欣摄

成都市劳动人民文化宫戏曲艺术厅，舞台的中间摆着一个浅绿色的长方形帷帐，鲁国华一袭长衫，向观众作揖后走进帷帐。一阵清脆婉转的鸟鸣声从帷帐里传出来，刚才还喧闹的台下立刻安静了。几声公鸡打鸣后，传来一个老人低沉的声音，他讲述着自家今年丰收了，打算今天要杀猪过年的事。紧接着，老人的老伴、儿子、儿媳、亲家、孙子一一登场，每一个人的声音模仿都惟妙惟肖。肥猪哼哧哼哧地被他们从猪圈赶到外面准备宰杀，六人的叫喊声、肥猪的哀叫声，还有狗叫声，让人仿佛身临其境，好像自己就身在老人家的隔壁，亲临了杀猪过年的现场。随着各种声音落下，鲁国华走出来鞠躬致谢，观众席响起了雷鸣般的掌声。

这就是被誉为“五尺布帐一张嘴，道尽世间百态”的四川相书，而今年七十六岁的鲁国华是目前四川相书的唯一传人，从事相书表演五十多年，是少数可以系统、专业地表演四川相书的艺人。在帷帐里，他一个人模拟各种声音、扮演各个角色，撑起一场声音的独角戏；而在戏外，他依然是一个人苦苦支撑和守护着四川相书这一民间艺术。

五尺布帐一张嘴，道尽世间百态

“相书是从口技发展而来的，它除了有口技，还有人物、有剧情。你看这个《杀猪过年》，原来节目很长，我把它改编成歌颂改革开放以后农村富裕了的故事。这个节目表演最多十分钟以内，快的话七八分钟，但那么短的时间内出现了十种声响，有六个人的说话声，再加上鸟鸣、公鸡叫、猪叫和狗叫。”鲁国华说起相书就滔滔不绝，“鸟鸣和鸡叫是要给人们营造一种乡下早晨的感觉，然后是人物入场，不同的人物该咋个说话，那头猪在什么情况下是咋个叫的，辨起来就要花点时间咯。”《杀猪过年》是鲁国华根据传统相书剧目改编的，曾在2003年获得由四川省文化厅主办的四川省首届“剑南春”杯群众曲艺大赛银奖。

相书，也叫隔壁戏，起源于江浙一带，清咸丰、同治年间传入四川。经过几代艺人的改良和创新，吸收其他民间曲艺的丰富养料，再加上极具幽默性的四川方言，四川相书形成了独特的艺术魅力。成书于1909年的《成都通览》在介绍成都的游玩杂技时曾记载：“相书，现经警局禁止，然有雅不伤俗者。成都只有李姓说得好，名李相书[①]，每日工钱六百文，夜间三百文，住东华门街一瞎子耳。”[②]艺人在一个高约五尺、宽约二尺见方的布帐里，凭着一张嘴，借助大板、闹子、纸扇、铜铃等简单的道具，模仿各种各样的声音，以此描绘环境、刻画人物、讲述故事。观众看不到布帐里艺人的动作，艺人却通过听觉来启发观众运用自己的想象和生活经验来补充、丰富，进入演员所创造的场景中，大有身临其境之感。

20世纪50年代初，很多民间艺人都集中在成都市北门城隍庙卖艺，说评书的、唱清音的、打竹琴的……热闹得很。刚刚十岁的鲁国华因为上学的地方离那里很近，一有空就跑过去。“我就是在那里第一次见到我的师傅罗俊林，他就是一个口技相书艺人，每天下午都有表演。”鲁国华回忆着自己最初与相书的结缘，“他一个人在布罩子后头就可以模仿很多人物，还有很多动物的声音，我觉得太神奇了，一下子就产生了兴趣。”后来他才知道罗俊林师从相书大师曾炳昆，深得其真传。

那时，如果要去艺人帐篷内听相书表演，半个多小时就要收一分钱。鲁国华的家境贫困，于是他每天就站在外面听，因此被大家叫作“站（战）国”。不管站得多累，他总是要等相书、评书等曲艺都表演完了，才依依不舍地回家，有时听完相书后，他自己回家还要模仿表演。

初中毕业后，鲁国华的家里再也无力负担他的上学费用，他被

① 李相书，即李相成，有两个徒弟，大弟子邹明德，二弟子就是后来成为相书大师的曾炳昆。

② ［清］傅崇矩编：《成都通览》，成都时代出版社，2006年1月，第140页。

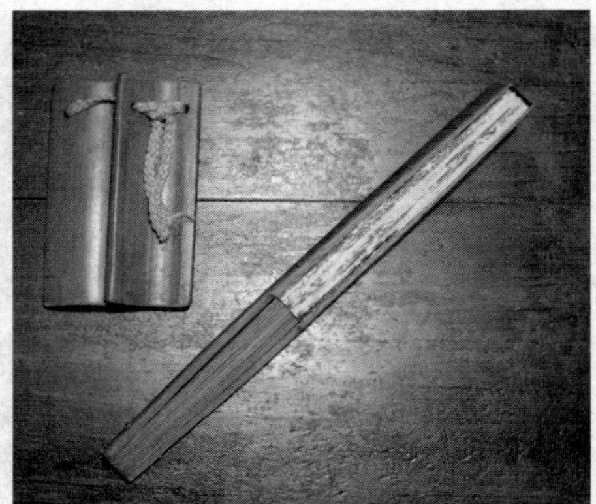

▲ 鲁国华凭着一张嘴，借助大板、闸子、纸扇、铜铃等简单的道具，就可以模仿出各种各样的声音。 舒欣摄

分配到渔场工作。“我在渔场干了五六年，养鱼工这个工作和我的志向不大一样。”鲁国华执着地喜欢着相书，想要学习相书，可家里的父母根本看不上相书这个行业，“老一辈人就觉得这是讨口子行当，下九流的。但是后来他们也没办法，想着只要我能够挣钱生活就可以了，不管我做什么行业。对于我而言，只有是你自己喜欢的，你才有钻劲的。”

鲁国华有个同学的父亲是一位竹琴盲艺人，叫作肖必达，1963年，在他的引荐下，鲁国华终于站到了自己的偶像罗俊林的面前，他激动地说：“你的相书，我都会一些了。”罗俊林便微笑着让他说来听听，听后放声大笑：“和我差别不大了。好，我收下你这个徒弟。”经过渔场领导同意，鲁国华于同年12月12日如愿调往成都市西城区曲艺队从事演艺工作。

在罗俊林的指导下，鲁国华开始系统地学习相书技艺。他每天早上六点起来，先练声两个小时，“练声就是练气息、练鸟叫、练公鸡叫这些，相书演员的口技技艺越多越好，表现力就会越强。”罗俊林给予了鲁国华很多一对一的指导，比如哪些地方台词不对，哪些地方发声不对，他都会一一纠正。相书艺人还有很多专练唇、齿、舌、喉等各音的绕口令，鲁国华经常念这些绕口令，念得滚瓜烂熟，练到口齿不绊不错不吃力为止。

不到半年，肯钻研、记忆力又好的鲁国华就开始登台演出了。在布帐里的他看不见观众，而观众也看不见他，这让他可以全身心地投入自己的演出中。“刚开始我倒是不怯场，只是还有些小毛病，台词不流利，偶尔要停顿一下，演出的次数多了，就越演越熟了。”颇有天赋的鲁国华一上台就很受观众们的喜欢。“他演《双灵牌》，观众乐开怀。一段《骗总爷》，掌声接到来。说《找鸡作对》，那才叫开胃。要是《霉登堂》，效果还更对。演《花子闹街》，瞌睡不得‘栽’。《瞎子算命》吗，嘴巴都笑歪。”[①]

当时的西城区曲艺队位于西玉龙街26号，那里有一个比较简陋的曲艺场子，可以坐两百人左右，每天有两场演出，每场大约两个小时，包括车灯、评书、花鼓、金钱板、相书等老百姓喜闻乐见的民间艺术，观众可以一边品茶一边看表演。平时的上座率是一百人左右，一到周末，附近的老百姓和曲艺爱好者就纷纷赶来，几乎场场爆满。

寓庄于谐、俗中见雅是四川相书的一大特点。它的内容多来源于

① 唐杰：《“曾派”相书传人：鲁国华》，载成都市劳动人民文化宫编《巴蜀曲苑群芳谱》，四川文艺出版社，2010年8月，第128页。

人们所熟悉的日常生活，故事情节往往简洁生动、活泼风趣，艺人常用谐音、语误、吟诗、作对、说浑话、作打油诗、用歇后语、开玩笑等手法来取得喜剧效果，博得满堂大笑，而观众往往又可以从大笑中收获一些生活的启发，引人深思，回味无穷，因此深受人们的欢迎。

20世纪30—50年代，是四川相书发展比较好的时期，当时从事相书表演的艺人有八九个，并且有四十多个传统隔壁戏段子保存下来。[①]1961年，成都市文化局组织罗俊林、曾小昆赴北京向中央领导人作汇报演出，表演了《骗总爷》《写对杀猪》《化子闹街》《双灵牌》《推磨》等优秀传统书目，得到了朱德、陈云、陈毅、董必武等领导人的赞赏和重视。回川以后，有关部门开始策划相书的传承和发展，招收培养学员，并出现了不少现代题材的新段子，比如《卖西瓜》《送汤圆》《抬花轿》《雷锋让饭》等。可惜20世纪70年代后期，罗俊林去世，曾小昆退休，相书艺人逐渐减少，四川相书开始走向衰落。[②]

而鲁国华的相书从艺之路也同样充满了曲折。1986年，西城区曲艺队解散，他被分配到区交通局一个挂靠的小单位，从事重体力活。后来，他不得不和妻子赵新明一起，以为幼儿园表演手掌木偶戏为生计。“小幼儿园演一场二十块钱，中等的四十块钱，大点的六十块，收入也不高，只是能保证基本生活而已。”鲁国华回忆起那段极其艰难的日子，有点辛酸，“但是我一直都没有放弃相书，那种热爱是小

① 沈允宁：《抢救古老的民间文化遗产——隔壁戏：浅议四川相书的历史及其现状》，《长江文化论丛》2007年。

② 宋磊：《四川相书——暗相声的“活化石”》，《曲艺》2012年第7期。

时候就扎根印入脑海中了，再艰苦也不会丢弃。”

功夫不负有心人，鲁国华对四川相书的坚守终于再次被人们看见。1995 年，成都市举办“绝技、绝艺、绝活”三绝赛，鲁国华带着相书亮相，荣获大赛绝艺奖。2004年，待业在家的鲁国华和省曲艺团签约，每周二下午在川剧艺术中心“悦来茶园”演出。2011年12月，他被评为成都市非物质文化遗产项目四川相书的代表性传承人，2012年6月，又被评为四川省非物质文化遗产项目四川相书的代表性传承人。

不管怎样，我都要做到老，学到老

“相书不好学，除了口技技巧之外，还要会说谐音、方言、打油诗等来逗乐观众，要懂得如何营造气氛，还要博览群书，会编故事。”鲁国华反复强调，相书比口技复杂得多，它是有剧情、有人物的。

相书借助口音来塑造不同年龄、不同性别、不同性格的人物形象，这就需要相书艺人平时在日常生活中尽可能多地捕捉和收集各种人的语音和语调，揣摩人物的心理，并进行模仿和创造。这些典型的声音和语言，最开始有部分是老师口传心授的，后来鲁国华也常常自己在生活中慢慢琢磨，一发现有特色的声音就要模仿，反复练习，“艺术来源于生活，我们在学习中第一个就是要观察生活，才能够模仿得像，在表演时别人才会觉得逼真”。

相书里的人物，少则两人，多则十余人，一般的也有四五个人出场，要使观众可以区别出谁是年轻女孩、老太婆、老大爷或者孩子等，分辨出谁是好人，谁是骗子、谁是商人、谁是官吏等不同身份地位的人，要在一个有限的布帐里，一个人再现这些复杂的情况，就需要相书艺人运用唇、齿、口腔、喉和鼻腔等部分，快速地变换着不同的声音造型。鲁国华对人物声音的模仿极其精到，曾经有人赞赏：“（鲁国华）扮演的人物，用声音突出，高低和粗细，变化很自如。若是个姑娘，声音细又昂；角色是大汉儿，马上就变莽。表演很老到，惟妙又惟肖。一句话概括，简直太精妙。”[①]尤其是他的仄音因为清亮脆响，最为人称道。他在《瞎子算命》里模仿剧中年轻女孩的声音时，一声妩媚娇柔的“大姨妈，大姨妈”一出场就能博得无数人的掌声。

除了能够模仿不同人说话的不同语音，相书艺人在表演时还必须表现出剧中人物活动的方位，他们在小小的布帐里时而左，时而右，时而背身于后，时而俯身于下，时而仰面，时而蒙口捂鼻，以此将声音塑造得生动而立体。表演中，他们不仅一会儿演张三，一会儿演李四，要将剧中所有人物一一展现，还要作为导演，时时跳出角色来指挥角色，确定角色的方位和顺序等。“比如人走远了，人走近了，或者由远及近，由近及远，这些表现在相书里都是有一定的技巧。你想，观众看不到人，就全凭听声音，我们只有靠声音来抓住观众”。鲁国华特别喜欢钻研相书的各种表演技艺，将自己的表演细节打磨得越来越精致，“你把角色的枝叶分开了，观众就以为后头好多人，结

① 唐杰：《“曾派”相书传人：鲁国华》，载成都市劳动人民文化宫编《巴蜀曲苑群芳谱》，四川文艺出版社，2010年8月，第127页。

果演出结束一看，原来才一个人。我们就是要给观众这种惊喜感”。

相书表演一个节目短则几分钟，长则半个小时，完全是靠一个人独立撑起所有的表演时间，全程一点儿都不能松懈，“就是说相声，你还有个搭档，可以歇口气，我们相书就不行，全靠一个人演。”为了确保演出效果，鲁国华每次上台前都会留出时间反复在心里排练几次节目内容，“一定要在脑筋中多默几次，思想上有一定的准备，才能保证台词流畅，节奏稳当，观众才会满意。”

或许正因为相书技艺学习和锻炼实践的难度都不小，再加上民间曲艺在社会发展中逐渐失去大众的市场，相书慢慢地走出了人们的视野，而学习和表演相书的艺人也越来越少。“我的师父本来还有几个徒弟的，有些去世了，有些改行了。”鲁国华叹了一口气，“我现在还有几个学生，他们学了些基础的口技，可以谋生了，但是他们根本没有时间静下来打磨相书的其他技艺，毕竟还是要讨生活嘛。相书的这些技艺，都要靠时间来打磨啊，没有时间练习咋个得行哦。”

尽管在守护相书的路上有些孤独，可是鲁国华还是凭着自己的热爱继续着对相书的钻研。虽然相书是传统艺术，但是他要利用相书来表现现在的新生活，他不仅在琢磨新剧本的内容，还在琢磨新的声响。“比如电话、手机、汽车、摩托车、电梯这些以前传统节目里面没有的声响，我现在也在研究咋个刻画出来，你看，比如电梯停了，”鲁国华立刻就模仿出电梯停后打开门的声响效果，“只是这些声响效果都是比较轻微的声音，需要通过比较灵敏、高端一点儿的音响设备才能够被观众感受到。不管怎样，反正我是要做到老，学到老。”

荀建勋：书法，是我生活的一部分

“如果有哪一天没有动笔写字，我就会觉得心里缺了点儿什么。书法，已经成为我生活的一部分，带给了我一般人无法体会到的快乐。”今年四十九岁的荀建勋是四川省书法协会会员、成都市成华区书法家协会副主席、成都市书法家协会文创委员会委员、中国书画修复技艺师。他从高中时期就开始学习书法，至今已经三十三年了，他经常给自己的学生讲：“人们都说一日三餐，对于你们而言，还应该加上一餐，那就是‘书法’。”

一辈子都学不完的书法

1986年，刚刚十六岁的荀建勋被父母拉到了蒲宏湘[①]老师处学习书法。“其实我那时写字是被父母逼的，自己并不大喜欢。蒲老师和我父母都是82信箱[②]的职工，大家平时关系也不错，于是，我就每周一次去蒲老师家学习书法”。其实，相对来说，高中时代的荀建勋更喜欢画画，常常临摹吴冠中的白描作品。

---

① 蒲宏湘（1945—2014），中国书法家协会会员，四川省书法家协会副主席、顾问，四川省书法家协会创作评审委员会副主任兼秘书长，四川省政协书画研究院书法专业委员会副主任。

② 82信箱，即宏明无线电器材厂，当时属于保密单位，对外不能随意公开通信地址。

后来，苟建勋因为工作原因离开成都前往深圳。独在异乡的他，便利用晚上的空闲时光练习书法。周末的业余时间，他还去深圳艺术中心报名函授班，学习字画的装裱、修复和书法。后来，他再次因工作原因调回成都，由于工作繁忙，他基本没有时间习字，但是热爱书法的他仍然乐于购买字帖和有关书法的书刊。

十几年前，苟建勋辞去工作，专注于书画的修复和装裱。由于修复过程中常常涉及传统书画中的文字，需要用到书法，他再次找到蒲老师进行书法学习。“从1986年到2011年，算起来已经二十几年，蒲老师看了看我写的字说，你的手还没有写‘油滑’，依然比较守法度、有规矩，不是那种江湖体，可以教。”在书法界颇负盛名、极少收徒的蒲老师的严厉教导下，原本基础就比较扎实的苟建勋的书法水平得到了很大提升，其书法作品每年都会在省、市专业展览中入展或获奖。而这些都成了他将书法爱好转变为专业的动力。

苟建勋非常强调技法在书法学习过程中的重要作用，没有技法的支撑，就谈不上书法。“书法本身并不复杂，它就是古人写字的方式而已。我们照着去做就是，但切入点很难找，这就需要有老师指点。老师不一定得是书法名家，但他一定得知道书法正确的技法，否则学生也会跟着误入歧途。”苟建勋庆幸自己遇到了两位好老师，一位是蒲宏湘老师，另一位则是蒲老师去世后，他拜的另一位书法名家郭强[①]老师。两位老师不仅在书法的技法上给予教导，更重要的是在人

① 郭强，国家一级美术师，中国书法家协会篆刻委员会委员、培训中心教授，四川省书法家协会副主席、篆刻委员会主任，西泠印社社员，第一批巴蜀画派影响力代表人物。

品上感染了苟建勋。

虽然现在在四川书法界已小有名气，但是苟建勋从不懈怠，他依然每天花大量时间进行书法的学习。对于他而言，通过临古人字帖可以积累书法的技法经验，是一辈子的事情，“没有尽头！古人给后人留下的大量的书法文化瑰宝，要学习的东西太多了！”

守护书坛的安宁之气

与现代人常有的快节奏不同，苟建勋的举手投足都给人一种不急不躁、慢慢来的感觉，这风格像极了他自己非常喜欢的唐楷，温温润润、堂堂正正。唐楷在千年的时光流转中，融合了北碑的硬朗刚劲和南帖的空灵典雅，成为中国书法史上一颗璀璨的明珠，是历代书法学习者心中的经典，堪称“楷书的艺术顶峰”。苟建勋最初就是从蒲老师那里开始学习唐楷的，他的书法作品里常常可以看到欧阳询、虞世南、褚遂良三家的影子，结构精工秀雅，用笔疏瘦劲练。

书法，曾经是古代文人士大夫的必备素质。正如清代学者刘熙载所说：“书者，如也，如其学，如其才，如其志，总之曰如其人而已。”他们在这灵动的黑白线条中尽情展现着各自的学识修养和人格品位。唐朝选拔官吏曾以“身、言、书、判”为标准，其中“书”就是指楷法是否遒美，可见书法在人们生活中曾有过的重要性。如今，人们早已习惯通过电脑键盘进行文字的输入，而笔墨氤氲的书法则与人们渐行渐远。

“书法的本质离不开文化。孔子云：‘志于道，据于德，依于仁，游于艺。’而现在很多人只注重于艺，将书法美术化，只讲求视觉效果，硬生生地把书法和文化割裂开来。让书法失去了文化的内涵。”说起书法界的一些乱象，苟建勋感触颇多，“这样特别容易急功近利，特别是在对青少年的书法学习中拔苗助长。”只为获取名利的浮躁已经让很多人把书法的初心忘得一干二净。

苟建勋至今仍然坚持自己对书法的文化理念。在他的心中，书法除了熟练掌握技法之外，要想创作出好的作品还需要有较高的文化素养来支撑。平日里他还会练习传统国画、欣赏古琴，喜欢约着三五好友游玩山水之间、垂钓溪沟之边。“有些东西是潜移默化的，不管是山野垂钓，还是欣赏音乐舞蹈，这些事情好像看起来和书法无关，但我却从中获得了很多创作的灵感”。

现在有很多学生跟着苟建勋进行书法的学习，在他的引导下去感悟书法的独特文化魅力，“书法的书写技法本身不难也不玄。其实，不管哪一种字体都没有那么神奇，只要你方法掌握对了，加强练习就是没有问题的”。在课堂上，不管是讲授基础知识、临帖示范，还是点评学生习作，他对待每一个环节都认真严谨，极具针对性，让学生们受益匪浅。

后记

“双桥子有啥子写头嘛？你们咋个不写大慈寺这些文化古迹呢？”

“双桥子，原来就是一个田坝坝，没得啥子故事。”

“就那样，跟现在的农村差不多。”

“哎呀，我们就是老百姓，哪儿晓得啥子历史哦，你要去问那些搞研究的人嘛。”

……

在为这本书进行前期材料的摸底走访时，这些问题几乎是我每天都要遇到的，甚至有一段时间我也开始问自己：双桥子真的没有写头吗？就没有一点儿值得记录下来的东西吗？

庆幸有双桥子街道的领导和工作人员的全力支持，以及双桥子每一个社区的负责同志的耐心配合，不管天晴还是下雨，他们都陪着我走遍双桥子的大街小巷，组织社区的老居民和我一起摆龙门阵，发掘社区的杰出人物帮我联系进行采访……正是这些一点一滴素材的积累，才使得双桥子的历史场景、人文特色如画卷一般缓缓展开，它们在我的眼前鲜活并丰满起来。

我很早就在文献资料中了解到双林盘附近曾经有个钟家花园在清末是比较有名的，但是苦于文字记载并不多，而且没有确切的地点。于是去每一个社区走访时，我都要问问老居民：“你们晓得双林盘那个钟家花园不？”去了好几个社区，得到的回答都是“完全没有听说过”。我心里有点打鼓了：钟家花园究竟存在过吗？我能把它写进书里吗？

直到有一天在水碾河路北社区访谈，几个老居民指着身后的楼房说：“原来就在这儿，我们就是从钟家花园搬出来的。”虽然他们也不大记得钟家花园的模样了，但是我心里的那个疑问终于有了答案。我至今都记得自己那天听到老居民们的回答时心里有多么兴奋和激动。这个看起来普通的记忆片段，却是我所能搜集到的关于双林盘历史的一块重要拼图。

“历史”，听起来是一个特别宏大的名词，但它其实是由生活在这片广袤土地上的每一个生命所创造的。双桥子由于地处城郊，城市发展的时间较晚，历史文献材料并不丰富，如果想要试图去还原当时人们的生活场景，那就只有借助于曾经生活在当地的人们的记忆。我特别喜欢和老居民聊天，听他们你一言我一语地摆着，有时甚至是激动得几个人同时讲述，而正是他们分享的这些珍贵的记忆片段，把我带回到了双桥子那段过去的时光。

经过一年多的采写，双桥子的菜市场卖些啥子，哪个巷子有哪样美食，哪家阳台上的花都开繁了……我都知道得清清楚楚。虽然我从来没有在双桥子街道这片区域生活过，但如今只要是路过这里的街巷，或是在新闻里读到关于它的近况，心里总会有一种温暖的感觉，好像又和一位老朋友见面了。

最后，由衷地感谢所有支持和帮助过我的双桥子街道及各社区的领导和工作人员，感谢所有耐心接受采访和提供采访线索的人，感谢出版社各位老师的辛勤工作，没有你们的付出，就没有这本书的顺利出版。

由于本人的学识和写作水平有限，书中如有疏漏之处，敬请各位读者不吝指出。

舒　欣

2019年8月26日于成都